图说城市基础设施病害与对策丛书　　丛书主编 宋波

图说城市桥梁病害与对策

宋波　编著

中国水利水电出版社
www.waterpub.com.cn

内 容 提 要

　　本书以图文并茂的形式，详细介绍了不同桥型常见的病害特征表现、监测检查方式，并给出了针对性的处理建议。全书共分五章，内容包括概述，桥梁上部结构的外观检查，桥梁下部结构的外观检查，桥梁震害调查，城市桥梁外观检查图表示例。

　　本书可供从事桥梁养护工作的技术人员和管理人员学习使用，也可供从事桥梁工程相关专业的大中专院校学生或科研工作者参考。

图书在版编目（ＣＩＰ）数据

图说城市桥梁病害与对策 / 宋波编著. -- 北京：
中国水利水电出版社，2014.6
　（图说城市基础设施病害与对策丛书）
　ISBN 978-7-5170-2225-1

　Ⅰ．①图… Ⅱ．①宋… Ⅲ．①城市桥－病害－防治－图解 Ⅳ．①U445.7-64

中国版本图书馆CIP数据核字(2014)第142271号

书　　名	图说城市基础设施病害与对策丛书 **图说城市桥梁病害与对策**
作　　者	宋波　编著
出版发行	中国水利水电出版社 （北京市海淀区玉渊潭南路 1 号 D 座　100038） 网址：www. waterpub. com. cn E-mail：sales@waterpub. com. cn 电话：(010) 68367658（发行部）
经　　售	北京科水图书销售中心（零售） 电话：(010) 88383994、63202643、68545874 全国各地新华书店和相关出版物销售网点
排　　版	中国水利水电出版社微机排版中心
印　　刷	北京鑫丰华彩印有限公司
规　　格	145mm×210mm　32 开本　5.75 印张　155 千字
版　　次	2014 年 6 月第 1 版　2014 年 6 月第 1 次印刷
印　　数	0001—3000 册
定　　价	**28.00 元**

作 者 简 介

　　宋波教授，北京科技大学土木工程系副主任，博士生导师。中国土木学会防震减灾技术推广委员会委员、中国建筑学会抗倒塌学会理事、中国振动工程学会土动力学会理事、日本国家注册工程师、全国市政公用设施抗震专项论证专家库专家。

　　1982 年毕业于大连理工大学，获学士学位。1995 年毕业于日本横滨国立大学，获工学博士学位。主要研究方向为桥梁结构，防灾与减灾工程。先后担任科技部 863 项目评审专家，国务院学位办博士点评审专家等。

　　宋波教授长期从事桥梁的设计与研究工作。作为主要完成人，承担了主跨度 381 米的跨海大桥的构造设计与抗震抗风研究等重要内容，主持东京一名古屋第二高速公路等多项重点桥梁建设项目的设计与研究工作。先后完成国家、省部级科研与重点工程项目 50 多项，专利 2 项。以第一作者身份在国内国际学术刊物上发表论文 90 余篇。已通过鉴定的科研成果达到国际领先水平的 2 项，获得部级科技进步一等奖二项，三等奖二项。目前在研项目有城市大型及重要建筑防治关键技术研究（国家"十一五"科技支撑计划）以及国家自然科学基金重大研究计划：重大工程的动力灾变—考虑结构与环境介质的动力耦合效应的千米级大桥的抗灾分析关键技术研究等 10 项国家及省部级重点项目。（songbo@ces. ustb. edu. cn）

丛 书 序

随着我国城镇化的不断发展，城市人口越来越多，同时城市中各类基础设施正呈多样化、复杂化、密集化的发展趋势。城市居民对桥梁，道路，建、构筑物等基础设施的依赖程度越来越高。当这些工程设施在使用中，由于长年累月的环境荷载作用会出现各类病害，尤其是当遭遇地震、飓风、暴雨、泥石流等自然灾害时，往往会导致工程结构的严重破坏，最终会引起巨大的人员伤亡和财产损失，因此，需要定期对工程结构进行病害普查，对病害位置进行养护和加固。

由于不同工程结构产生病害与破坏的原因多种多样、机理复杂，导致一线养护技术人员难以直观地了解工程结构的病害与破坏，对提高技术人员的技术水平造成了阻碍。因此，我们编写了这套"图说城市基础设施病害与对策"丛书。

本丛书包括5个分册，分别为：《图说城市道路病害与对策》、《图说城市园林景观病害与对策》、《图说城市基础设施病害与对策》、《图说城市建构筑物病害与对策》、《图说城市桥梁病害与对策》。本丛书以城市主要工程设施为对象，结合相关结构养护规程、规范要求，通过大量实际工程病害图片，从工程结构病害现象出发，直接给出相对应的养护、加固、维修措施。

各分册均配备了大量的图片，以图片取代繁复的文字描述，将多种结构病害形式图片化，化繁为简，简明实用，使读者能快速直观掌握各类工程结构病害的养护、加固方法。本丛书既可作为一线养护技术人员、工程结构管理人员的培训教材，也可作为大中专院校土木工程相关专业的教材参考书。

希望大家能够喜欢这套丛书，也真诚希望广大读者能对本丛书提出宝贵意见和建议，以便今后进一步修订完善。

丛书主编：宋波

2014 年 4 月

于北京

序

　　道路和桥梁是国家的交通基础设施，对国民经济的发展起着重要的作用。在过去的 20 年中，我国交通基础设施的建设经历了一个飞速发展的时期，大量的公路与市政道路桥梁得以建成，并在经济建设中发挥了促进作用。随着大量桥梁服役年限的提高，在荷载和环境的共同作用下，各种各样的病害相继产生，对桥梁的安全运营造成了隐患。重视已建结构的健康状况，对其服役状态进行及时评价，首先要从日常养护工作中对桥梁状况的检查与维护做起，对发现的潜在隐患分门别类，制定出相应的应急预案采取合理的措施，可以大大降低地震等突发灾害条件下桥梁的损伤程度，最大程度地减少灾害引起的损失。

　　《图说城市桥梁病害与对策》一书，结合国家新近颁布的有关法规和规范对桥梁养护工作提出的要求，从理论和实践两个方面对桥梁养护工作中的外观检查及病害机理进行了较为全面的阐述和分析。作者长期从事城市基础设施的设计研究，在桥梁损伤诊断方面积累了丰富的经验。该书集国内外桥梁病害、震害研究所积累的大量第一手资料，通过照片、文字说明以及图解的形式，对桥梁检查中经常遇到的各种病害的外在表现和形成机理进行了分析，并对养护维修措施提出了相应的建议，这对我国在役桥梁的管理和养护工作具有积极的参考意义。书中一些关于桥梁震害调查的资料照片，有很多是作者拍摄于 1995 年神户地震当日，对于桥梁设计与研究具有较高的科学研究价值。

　　综观目前国内外出版的专著，专门针对桥梁外观检查与病害机理分析并以大量图片资料进行说明的并不多见，本书融理论分析、实践经验和鲜明的实例讲解于一体，反映了我国桥梁结构养护维修领域研究工作的先进水平，这不仅可以作为从事桥梁管理、维护和科研人员的参考书，而且还可以作为大专院校土木类专业的教学参考用书。相信该书的出版，对提高我国道路桥梁等生命线工程的养护管理水平，尽可能地降低灾害条件下的经济损失，将发挥重要的作用。

中国工程院院士

2014 年 4 月

于北京

前　　言

　　自 1978 年冬改革开放以来，我国城市桥梁发展进入了速度最快，规模最大，最具有活力的时期。城市桥梁的建设由城市立交桥为代表的中等跨度连续梁、简支梁连续桥面桥梁为主转向了完善城市路网结构，改善城市环境、注重城市景观，将桥梁作为城市标志、城市景点为主的新时代。2003 年以来，全国已连续 8 年将超过 2000 亿元的投资用于城市道路桥梁建设，2009 年达到 4950.6 亿元。截至 2012 年末，全国公路桥梁已达 62 万座，比 2001 年增长了 2.1 倍，其中城市桥梁达到 5.11 万座，9 年平均年增长率达 47.7%。

　　随着交通量的增长，早先修建的桥梁开始出现不同程度的病害，业界越来越认识到城市桥梁养护管理的重要性。目前欧洲范围内每年由于钢筋腐蚀引起的经济损失约为 145 亿欧元，美国每年在公路桥梁的维修方面也耗资 500 亿美元。事实上，我国 2011 年底的统计数据已表明，在我国现有的 71.34 万座桥梁中，危桥占到 13%。在一些城市，车辆超载猖獗，管理难度不断加大，桥梁事故屡见不鲜；此外，不合理的桥梁养护方案，也导致了养护费用逐年攀升，居高不下。

　　在这种形势下，住房和城乡建设部于 2003 年颁布了《城市桥梁养护技术规范》（CJJ 99—2003），对我国城市桥梁的养护从技术上制定了明确的标准，为科学、规范的桥梁养护管理提供了依据。该《规范》规定，桥梁的检查可分为经常检查、定期检查及特殊检查 3 种类型，而在这 3 种类型的检查中，对桥梁结构进行外观检查都是必不可少的关键环节。桥梁的外观检查，不仅可以迅速获得第一手的资料，而且有经验的桥梁工程师还能迅速判断病害的原因，确定其严重性，为快速制定加固、修补方案创造条件。在备有桥梁评估专家系统的单位，外观检查中获取的资料也是不可或缺的基础数据。

本书共分为五章，由宋波担任主编，负责内容编排设计、部分内容的撰写和全书的统稿。参加本书编写与修订的还有北京科技大学防灾减灾研究所的黄帅、李凯文、朱宏博、齐福强、曹野、毕泽峰、卞淑媛。

作者在长期从事桥梁养护工作的实践中，积累了大量第一手的现场资料，主要是不同桥梁病害类型的照片，根据桥梁病害的不同类型进行了分类。外观检查中获得的现象，是桥梁病害本质的外在反映。本书力图通过对不同桥梁病害的外观与本质机理对应分析，提示桥梁外观检查的要点与注意事项，望能为广大桥梁养护工作者提供参考。限于国内城市桥梁病害检查方面公开出版物极少且作者水平有限，书中难免有不妥之处，恳切希望广大读者在使用本书时给予关注，并将意见和建议及时反馈给我们，以便完善本书的内容。

编者

2014 年 4 月

于北京

目　　录

第一章 概　　述

城市桥梁是道路网络中十分重要的组成部分，是交通大动脉畅通的重要保障。截至 2012 年底，全国已建成桥梁达 71.34 万座，特大桥梁 2688 座，大桥 6.17 万座，其中相当多的桥梁已经投入使用了几年乃至几十年。庞大的基数，也就意味着艰巨的养护任务，一些难以被发现的隐性问题也往往成为桥梁杀手。桥梁结构从投入使用的那一刻起，就承受着荷载、自然环境的共同作用，同时还面临着意外事故导致损坏的可能。随着公路技术标准的提高，原有桥梁设计标准偏低、承载能力不足、通行能力不足的问题就逐步凸显出来，因此应及时进行养护。我国《中华人民共和国公路法》第三十五条提出了"应对公路进行养护，保证公路经常处于良好的技术状态"的要求，确定了桥涵养护的目的是"保持桥涵处于正常使用状态，保证行车通畅、安全"。为贯彻《中华人民共和国公路法》的要求，建设部 2003 年 12 月 4 日发布实施了《城市桥梁养护技术规范》（CJJ 99—2003），规定对于已竣工的城市桥梁的养护可参照使用。而对于一些特殊桥梁，如一些轻轨高架桥梁的养护不适用。

《城市桥梁养护技术规范》（CJJ 99—2003）（以下简称《规范》）规定的桥涵养护工作的主要内容和基本要求包括以下六个方面的内容。

（1）检测评估。

（2）采集更新数据。

（3）养护。

（4）维修和安全防护。

（5）环保及防灾。

（6）建立档案和数据库。

从规范的六大内容来看，首先，对桥梁进行检测评估是桥涵养护的重要内容。桥涵检查又分为经常检查、定期检测和特殊检测。

（1）经常检查主要指对结构变异、桥及桥区施工作业情况的检查和桥面系、限载标志、交通标志及附属设施等的技术状况进行的日常巡检。

（2）定期检查是为了评定桥梁的使用功能，为制订养护计划提供基本数据，对桥梁的主体结构及其附属构造物的技术状况进行的全面检查，可为桥梁养护管理系统搜集结构技术状态的动态数据。

（3）桥梁的特殊检查是查清桥梁病害的原因、破损程度、承载能力、抗灾能力、确定桥梁技术状况的工作，又分为专门检查和应急检查。

1）专门检查是指根据经常检查和定期检查的结果，对需要进一步判明损坏原因、缺损程度或使用能力的桥梁，针对病害进行专门的现场试验检测、验算与分析等鉴定工作。

2）应急检查则是在桥梁受到灾害性损伤后，为了查明破损状况，采取应急措施组织恢复交通，而对桥梁进行的详细检查和鉴定工作。

《规范》规定，桥梁经常检查的周期，根据桥梁的技术状况，一般每月不得少于一次，汛期应加强不定期检查。桥梁经常检查的方法主要是采用目测的方法，也可配合简单的工具进行测量，并当场填写"桥梁经常检查记录表"（详见第五章表 5-2），现场检查时，应"现场登记所检查项目的缺损类型，估计缺损范围和养护工作量，提出相应的小修保养措施"。规范的这一规定有两层含义：第一，通过目测的方法，对桥梁进行外观检查，是桥梁经常检查的主要手段；第二，在桥梁外观检查中，养护人员应能根据桥梁病害的外在表现，分析、判断桥梁病害的严重性，正确地估算出养护工作量的大小。

《规范》规定，桥梁定期检查是以目测观察结合仪器观测进行，必须接近各部件，仔细检查其缺损情况，以现场校核桥梁基本数据并实地判断缺损的原因，确定维修范围及方式，对难以判断损坏原因和程度的部件，应提出特殊检查（专门检查）的要求。可见，桥梁外观检查不仅是经常检查的重要手段，同时也是桥梁定期检查的重要方法，在定期检查中，要有能力根据桥梁病害表现判断其原因，确定维修的范围和方式，这对养护人员的专业技能提出了更高的要求。

桥梁特殊检查是在以下四种情况下进行的，一是在定期检查中难以判明损坏的原因及程度；二是在桥梁的一般评定中，技术状况被评为四类、五类（较差）的；三是拟通过加固手段提高荷载等级的桥梁；四是条件许可的条件下，特殊重要的桥梁在正常使用期间可周期性地进行荷载试验。《规范》规定，在实施专门检查时，承担单位应对桥梁结构材料的缺损状况做出合理的鉴定，根据鉴定要求和缺损的类型、位置，选择表面测量、无破损检测和局部取试样等有效可靠的方法，试样应在有代表性构件的次要部位获取。所以，在桥梁特殊检查过程中，检查桥梁的外观，是确定检测内容和取样部位的重要手段。

其次，从对桥梁进行检查和评价的角度来讲，桥梁外观检查具有重要的意义。除此之外，《规范》规定的八大桥涵养护内容中，采集更新数据等其他内容，同样需要对桥梁的外观表现进行检查，养护工程技术人员根据桥梁的外观缺陷，判断桥梁病害的严重程度，以制订养护维修方案。

《规范》规定了城市桥梁的检测评估包括经常性检查、定期检测和特殊检测。其中经常性检查包括结构变异、桥及桥区施工作业情况的检查和桥面系、限载标志、交通标志及其他附属设施等状况的日常巡检。经常性检查宜以目测为主，并按附录 A 现场填写《城市桥梁日常巡检日报表》，登记所检查城市桥梁的缺损类型、维修工程量，提出相应的养护措施。在经常性检查中，应对桥面系及附属结构的外观情况进行检查，主要包括：①平整性、裂缝、局部坑槽、拥包、车辙、桥头跳车；②桥面泄水孔的堵塞、缺损；③人行道铺装、栏杆扶手、端柱等部位的污秽、破损、缺失、露筋、锈蚀等；④墩台、锥坡、翼墙的局部开裂、破损塌陷等。另外上下部结构的异常变化、缺陷、变形、沉降、位移，收缩装置的阻塞、破损、联合松动等情况也应在经常性检查中予以注意。

《规范》规定的定期检测又包括常规定期检测和结构定期检测。其中常规定期检测以目测为主，并应配备如照相机、裂缝观测仪、探查工具及现场的辅助器材与设备等必要的量测仪器，对桥梁的桥面系、上部结构、下部结构进行检查。

城市桥梁的特殊检测中，应对桥梁结构材料的缺损状况进行诊断，在检测报告中应描述目前桥梁的技术状况，阐述检测部位的损坏原因及程度。因此，在遵照《规范》进行桥梁养护的过程中，也离不开桥梁的外观检查。

综上所述，桥梁外观检查是通过目测或辅以简单测量仪器，对桥梁各组成部分和构件的外在表现信息进行采集和归纳，对桥梁病害、缺损原因进行分析，以获得桥梁技术状况评价第一手资料的过程，是《规范》确定的桥梁检查的重要技术手段，在桥涵养护工作中具有不可替代的重要地位。

第二节　城市桥梁外观检查要点

《规范》规定，在城市桥梁的检查报告中，应对桥梁的技术状况进行评价。《规范》对桥梁的桥面系、上部结构、下部结构等的状况，用状况指数 BCI 来进行衡量。评定状况指数时，对桥面系、上部结构、下部结构中不同要素的各项损坏，规定了不同的扣分值，为了评定这些扣分制，在城市桥梁的外观检查中应根据桥梁部位的不同，分别注意以下的要点，见表 1-1～表 1-3。

表 1-1 桥面系各构件检查注意事项

部位	损坏类型	定义	检查注意事项
桥面铺装	网裂或龟裂	桥面产生交错裂缝,把桥面分割成网状的碎块	需统计网裂总面积占整个桥面面积的百分比
	波浪和车辙	桥表面有规则的纵向起伏或局部拥起,及沿轮迹处的路面凹陷	统计出现波浪及车辙的总面积占整个桥面面积的百分比
	坑槽	桥面材料散失后形成凹坑,但没有贯穿桥面	应统计坑槽总面积占整个桥面面积的百分比
	碎裂或破碎	桥面出现成片裂缝,缝间路面已裂成碎块	统计破裂或碎裂的总面积占整个桥面面积的百分比
	洞穴	桥面开裂或破损形成贯穿桥面的洞穴	统计洞穴数量
	桥面贯通横缝	与桥面道路中线大致垂直并且在横向可能贯通整个桥面的裂缝,又是伴有少量支缝	应观察记录裂缝在垂直于桥面道路中线方向的贯通程度
桥头平顺	桥面贯通纵缝	与桥面道路中线大致平行并且在纵向可能贯通整个桥面的裂缝,有时伴有少量支缝	应观察裂缝在平行桥面道路中线方向的贯通程度
	桥头沉降	桥梁与道路连接处形成高差	须观察有无沉降,有沉降时应测量沉降高差值
	台背下沉值	道路路面在桥梁台背回填处出现沉降的深度	注意测量道路路面在桥梁台背回填处出现沉降的深度
伸缩缝	螺帽松动	带螺栓的伸缩缝装置中原本紧固的螺帽产生松动	注意记录螺帽松动的数量
	缝内沉积物阻塞	垃圾泥土等杂物进入伸缩缝造成伸缩缝阻塞	应观察有无杂物进入伸缩缝,有杂物进入时最好拍摄照片,并观察杂物的多少

部位	损坏类型	定　义	检查注意事项
伸缩缝	接缝处铺装碎边	桥梁接缝处桥面边缘出现破碎损坏	应观察伸缩缝接缝边缘处有无破损情况，有破损时应观察破损的大小和数量，大小主要指破损的面积是否在 $0.1m^2$ 以上，深度是否超过 $2cm$。做好记录，并拍摄照片
	接缝处高差	伸缩装置高差；伸缩装置保护带与桥面的高差	观察伸缩缝处是否有高差，若桥梁伸缩装置与桥面（路面）连接平顺，目测不出高差则是没有，若存在高差，则应用钢尺测量高差的大小并予以记录，并拍摄照片
	钢材料翘曲变形	伸缩缝内的钢材料构件产生不均匀应变而形成非正常的弯曲或扭曲变形	应注意观察伸缩缝内的钢材料是否有翘曲变形，如果有变形，注意观察变形是否超过 $1cm$，若钢材料有大于 $1cm$ 的翘曲变形，则会严重影响甚至破坏该构件原有的功能
	结构缝宽	伸缩缝在设计时预留的正常缝宽	观察伸缩缝的宽度是否为设计时预留的正常缝宽；若有变化，则观察变化是否超过 $2cm$，有没有"卡死"，即伸缩缝宽几乎为零的情况出现
	伸缩缝处异常声响	伸缩缝结构在车辆经过时发出非正常声响	注意车辆通过桥梁时，伸缩缝是否发出异常的响声，若有响声，则留意响声是否明显
排水系统	泄水管阻塞	垃圾泥土等杂物进入泄水管造成泄水管阻塞	注意统计被阻塞的泄水管数占所有泄水管总数的百分比
	残缺脱落	排水设施残缺不全或脱落	注意统计残缺脱落的排水设施数占所有排水设施总数的百分比

部位	损坏类型	定　义	检查注意事项
排水系统	桥面积水	桥面雨水不能及时排走面形成积水	观察有无桥面积水现象，若有积水，是1处还是2处以上，做好记录
	防水层	设置于桥面铺装层内的水泥或沥青混凝土的防水结构层	观察防水层是否完好，若从桥梁梁底来看没有渗水的痕迹则表明完好；若防水层有轻微的渗水，则注意从桥梁梁底来看会有个别位置有不太明显的渗水痕迹；若从桥梁梁底来看，在多处位置有水的痕迹并且水量较大，则属于漏水
护栏和栏杆	露筋锈蚀	钢筋混凝土材料的栏杆或护栏表面水泥混凝土剥落露出内嵌的钢筋且钢筋产生锈蚀	注意统计产生漏筋锈蚀的构件数占所有栏杆或护栏构件总数的百分比
	松动错位	原本固定在桥面的栏杆或护栏产生松动或位置错动	注意统计栏杆或护栏的构件松动或错位的数量，观察是否影响美观和安全，及其严重程度
	丢失残缺	栏杆或护栏的构件损坏后丢失时的栏杆或护栏残缺不全	注意统计栏杆或护栏的构件丢失或残缺情况，观察是否影响美观和安全，及其严重程度
人行道块件	网裂	人行道面产生交错裂纹，把人行道块件分割成网状的碎块	统计网裂总面积占整个人行道面积的百分比
	塌陷	人行道块件脱空下陷	注意统计塌陷总面积占整个人行道面积的百分比
	残缺	人行道块件破碎并材料散失	注意统计残缺总面积占整个人行道面积的百分比

表 1－2   **上部结构构件检查注意事项**

部位	损坏类型	定　义	检查注意事项
排水系统	桥面积水	桥面雨水不能及时排走面形成积水	观察有无桥面积水现象，若有积水，是 1 处还是 2 处以上，做好记录
	防水层	设置于桥面铺装内的水泥或沥青混凝土的防水结构层	观察防水层是否完好，若从桥梁梁底来看没有渗水的痕迹则表明完好；若防水层有轻微的渗水，则注意从桥梁梁底来看会有个别位置有不太明显的渗水痕迹；若从桥梁梁底来看，在多处位置有水的痕迹并且水量较大，则属于漏水
钢结构物	变色起皮	钢结构物表面油漆变色或漆皮隆起	注意统计变色起皮的总面积占整个钢结构表面积的百分比
	剥落	钢结构物表面油漆剥落	注意统计剥落的总面积占整个钢结构表面积的百分比
	一般锈蚀	钢结构物表面出现锈斑	注意统计一般锈蚀的总面积占整个钢结构表面积的百分比
	锈蚀成洞	钢结构物生锈并被洞穿	注意观察是否出现了锈蚀成洞的现象
	焊缝裂纹	钢结构物上的焊缝出现裂纹	观察焊缝上有无裂纹，若有裂纹，则应测量裂纹占焊缝长度的百分比，注意有没有超过 10%
	焊缝开裂	钢结构物上的焊缝开裂	注意观察焊缝没有出现开裂，若有焊缝开裂，则统计开裂的焊缝占全部焊缝数量的百分比，看是否超过了 10%
	铆钉损失	钢结构物上的铆钉损失或丢失	注意统计损失的铆钉数占所有铆钉数的比例
	螺栓松动	钢结构物	注意观察有无螺栓出现松动的现象，若有，统计出现松动的螺栓占全部螺栓的百分比

部位	损坏类型	定　义	检查注意事项
PC 或 RC 梁式构件	表面网状裂缝	梁表面出现网状裂缝	注意统计网状裂缝的总面积占整个梁底表面积的百分比
	混凝土剥离	梁表面混凝土破裂脱落	注意统计混凝土剥离的总面积占整个梁底表面积的百分比
	露筋锈蚀	梁表面混凝土脱落后露出内嵌的钢筋并且钢筋产生锈蚀	注意观察、统计出现露筋锈蚀的总面积占整个梁底表面积的百分比
	梁体下挠	梁体向下弯曲	注意梁体有没有出现下挠，若能观察到下挠，则应进一步测定下挠的挠度值
	结构裂缝	梁体由于受力而产生的裂缝	观察构件是否出现结构裂缝，若出现了裂缝，则应采用裂缝仪、刻度放大镜等观测裂缝的宽度
	裂缝处渗水	梁体裂缝处有渗水痕迹	观察梁体裂缝有没有渗水痕迹，若有渗水，则应观渗水情况的严重性，做好记录
	桥面贯通横缝	与桥面道路中线大致垂直并且在横向可能贯通整个桥面的裂缝，有时伴有少量支缝	注意观察裂缝在垂直于桥面道路中线方向的贯通程度
横向联系	桥面贯通纵缝	与桥面道路中线大致平行并且在纵向可能贯通整个桥面的裂缝，有时伴有少量支缝	注意观察裂缝在平行于桥面道路中线方向的贯通程度
	连接件脱焊松动	连接件从焊接处脱落而产生松动	注意统计产生脱焊松动的连接件数占所有连接件总面积百分比

部位	损坏类型	定　　义	检查注意事项
横向联系	连接件断裂	连接件出现断裂	注意统计产生断裂的连接件数占所有连接件总数的百分比
	横隔板网裂面积	横隔板表面积网状裂缝的面积	注意统计横隔板网裂总面积占整个横隔板表面积的百分比
	横隔板剥落露筋	横隔板表面积混凝土剥落露出内陷的钢筋	若有剥落露筋的情况，则应统计横隔板剥落露筋总面积占整个横隔板表面积的百分比
	梁体异常振动	梁体出现非正常的振动	应观察梁体没有异常振动，若有振动，是属于很轻微，不易感知，还是表现出明显的异常振动
防落梁装置	有无落架趋势	由于防落梁装置的作用而使桥梁结构有或无落架的趋势	注意观察桥梁结构有没有落架的趋势，若有，则应留意观察其严重性
	牛腿表面损伤	防落梁装置的牛腿表面被损坏	注意观察牛腿的表面有无损伤，是否有混凝土剥落并露出钢筋，若有剥落露筋，则观察钢筋是否产生了锈蚀。注意拍摄照片，做好记录
	伸缩缝处渗水	防落梁伸缩缝处有渗水的痕迹	注意观察伸缩缝处有没有渗水痕迹；渗水痕迹的发生的数量，面积，是否明显
	钢锚板	防落梁装置上起锚固作用的钢板	注意观察钢锚板是否出现损坏，有没有锈蚀，若有锈蚀，有没有削弱截面，生锈的位置有没有变薄

表 1-3   下部结构各杆件检查注意事项

部位	损坏类型	定 义	检查注意事项
台帽盖梁	网状裂缝	台帽盖梁表面产生网状裂缝	注意统计网状裂缝的总面积占整个台帽盖梁表面积的百分比
	混凝土剥离	台帽盖梁表面混凝土破裂脱落	注意统计混凝土剥离的总面积占整个台帽盖梁表面积的百分比
	露筋锈蚀	台帽盖梁表面混凝土脱落后露出内嵌的钢筋并且钢筋产生锈蚀	注意统计露筋锈蚀的总面积占整个台帽盖梁表面积的百分比
	结构裂缝	台帽盖梁由于受力而产生的裂缝	注意观察台帽盖梁有没有出现结构裂缝；若有出现裂缝，则应进一步测量裂缝的宽度，拍摄照片，做好记录
	裂缝处渗水	台帽盖梁裂缝处有渗水痕迹	注意观察台帽盖梁的裂缝处没有渗水痕迹，若有渗水，则应注意观察渗水痕迹的面积大小，观察渗水的严重性
	墩台成块脱落	台帽盖梁处墩台表面混凝土成块破损并脱落	注意统计墩台成块脱落的总面积占整个台帽盖梁表面积的百分比
墩台身	墩身水平裂缝	桥墩表面出现与水平面大致平行的裂缝	注意观察墩身有没有出现水平裂缝；若有出现水平裂缝，则观察裂缝有没有贯通，有没有墩身水平裂缝相互连接形成环绕整个墩身的水平贯通裂缝的现象
	墩身纵向裂缝	墩身表面出现与水平面大致垂直的裂缝	注意观察墩身有没有出现纵向裂缝；有没有出现相互连接形成自上而下贯通整个墩身的裂缝；有没有一定数量的墩身纵向裂缝相互形成自上而下贯通整个墩身的裂缝

部位	损坏类型	定　义	检查注意事项
墩台身	框架式节点	墩台身上框架式的节点	注意观察框架式节点有没有出现损坏；有没有出现轻微的裂缝；有没有出现贯通的裂缝
	桥墩位置	桥墩的位置形态	注意观察桥墩位置形态是否一切正常；观察有没有出现一定的倾斜，倾斜是否严重，有没有倾覆的危险
	桥面贯通横缝	与桥面道路中线大致垂直并且在横向可能贯通整个桥面的裂缝，有时伴有少量支缝	注意观察裂缝在垂直于桥面道路中线方向的贯通程度，做好记录
基础	基础冲刷	桥梁基础被水冲刷的程度	注意观察基础没有出现冲刷损坏；若有，则注意冲刷损坏有没有超过20%
	基础掏空	桥梁基础下部被水冲刷形成空洞	注意观察基础有没有出现掏空损坏，有没有个别位置出现不大于20%的掏空破损，有没有出现面积大于20%的掏空破损，而严重影响基础结构的完整性
	混凝土桩	桥梁基础下混凝土桩的情况	注意观察混凝土桩的整体性是否完好，有没有被损坏而使其直径减小，有没有露出钢筋，若有露出了钢筋，则注意观察有没有钢筋产生锈蚀的现象
	基础移动	桥梁基础的位置形态	注意观察基础没有出现任何移动，有没有出现轻微倾斜，或严重倾斜，出现坍塌变形

部位	损坏类型	定　义	检查注意事项
耳背翼墙	剥离脱落	耳背翼墙表面的混凝土破损脱落	注意观察耳背翼墙表面的混凝土有没有剥离脱落；若有脱落，则注意统计混凝土剥离脱落的面积有没有超过20%
	翼墙前结合处	翼墙与桥台结合处情况	注意观察翼墙与桥台结合处是否完好，是否出现了翼墙与桥台结合处开裂，是否脱开或完全脱开
	挡土功能	耳背翼墙挡土功能的情况	注意观察耳背翼墙挡土功能的发挥情况，是完好，还是失去了部分挡土功能，还是完全丧失了挡土功能
	翼墙大贯通缝	贯通整个翼墙的裂缝	注意观察翼墙有没有出现大贯通缝；若有，则观察统计贯通裂缝的条数、长度及分布情况

第三节　城市桥梁病害示例

桥梁病害的检查是桥梁养护的重要内容，桥梁状况的好坏，与桥梁养护的情况密切相关，在养护过程中，日常检查、定期检查过程中发现的问题，及早采取措施进行处理，可有效地预防严重病害的发生。一些省市通过公路养护部门的努力，可以使城市桥梁的状况基本良好，技术状态处于二类以上的占到85%以上（以总延米记），但即便如此，也或多或少存在诸如伸缩缝、泄水管、桥面排水、锥坡等附属结构的典型病害，举例如下。

1. 桥面系漏水

桥面系漏水容易使主梁或下部结构浸水，水分通过混凝土表面的裂缝渗透到钢筋，容易引起锈涨或钢筋截面积的减少，从而

13

导致承载能力降低。如图 1-1 所示，由于桥面防水层或伸缩缝止水带的破坏，被调查的桥梁存在着不同程度的桥面系漏水病害。

(a) 16m预应力混凝土板桥桥台前水迹（伸缩缝漏水引起）

(b) 预应力混凝土箱梁桥桥面系漏水，除冰盐在水流路径上结晶
（拍摄方向分别由下而上、斜向上）

图 1-1　桥面系漏水

2. 伸缩缝阻塞

由于砂石等杂物的聚集，伸缩缝容易丧失自由涨缩的能力，在夏季气温升高时主梁不能自由伸长，就容易在相邻的主梁或主梁与桥台之间产生推力，严重的甚至发生主梁的顶起或桥台背墙的开裂。因此在桥梁外观检查中，应对伸缩缝是否阻塞进行检查（图 1-2、图 1-3）。

3. 缺损

结构构件组成材料或涂装层的缺损直接导致其功能的失效或

图 1-2　预应力混凝土空心板
　　　　桥伸缩缝阻塞

图 1-3　系杆拱桥伸缩缝
　　　　阻塞、锚筋外露

腐蚀，是较为常见的病害，调查中发现很多桥梁存在着不同程度的缺损现象（图 1-4～图 1-8）。

图 1-4　钢筋混凝土栏杆接头处
　　　　混凝土缺损

图 1-5　人行桥铺装层
　　　　混凝土缺损

　　以上这些典型的病害，通过对桥梁进行外观检查即可发现。在不同的病害类型中，有的容易引起较为严重的后果，而有些病害的后果则相对较轻，在制定桥梁养护维修方案的过程中，应根据桥梁病害的严重程度，优先处理那些容易引起严重后果的病

图 1-6　某钢管混凝土拱桥

图 1-7　钢管混凝土拱桥拱肋
钢板鼓曲变形

图 1-8　桥面铺装层破损

害,把有限的资源投入到最需要的地方,充分发挥桥涵养护维修的投资效益。

在后续的章节中,本书将针对桥梁外观检查中常见的桥梁病害进行总结和归纳,以图片附带说明的形式提供读者参考,对每个典型病害,分别就其外在表现、产生原因进行分析,用示意图表示病害发生的部位或机理,并对养护维修中采取的治理或防治措施提出建议。

第二章　桥梁上部结构的外观检查

第一节　桥面系的外观检查

根据《规范》规定，在对桥梁进行不同性质检查中，都应进行桥面系的外观检查。桥面系是直接承受行车荷载的部分，对桥梁的桥面设施及附属构造物的技术状况进行经常检查具有重要的意义。检查的周期根据桥梁的技术状况，一般每月不得少于1次，汛期应加强不定期检查。经常检查的方法是采用目测法，也可以配合简单的测量工具，如钢尺、卷尺等，检查时应当场填写"桥梁经常检查记录表"。检查时应现场登记所检查项目的缺损类型，估计缺损范围及养护工作量，提出相应的小修保养措施，为编制辖区内的桥梁养护计划提供依据。在经常检查中，检查员应能根据桥梁病害的外在表现判断桥梁损伤的严重性（范围、程度、是否露筋等），当发现桥梁的重要部件存在明显缺损时，应及时向上级提交专项报告。

对桥梁的桥面系进行经常检查时，应检查桥梁的外观是否整洁，有无杂物堆积，杂草蔓生等现象。

桥梁构件的涂装层是延缓桥梁结构构件腐蚀、保证桥梁耐久性的重要工程措施，经常检查中，应对桥梁结构构件的涂装层是否完好、有无损坏、老化变色、开裂、起皮、锈迹等现象进行检查和记录，桥面系常见病害实例见图 2-1～图 2-20。

外观表现及其可能原因

图为某大桥引桥桥面铺装层产生裂缝、不平整。引发铺装层裂缝的原因是多方面的，可能是铺装层材料本身的问题，也可能是铺装层结构的问题。气温的骤降，甚至主梁或上部结构的过大变形都容易引发桥梁铺装层的裂缝。

检查及维修要点

通过目测法检查，记录开裂的位置和范围，记录裂缝的走向，通过钢尺测量裂缝的长度、宽度，并拍摄照片，在相应部位进行标明。养护中应及时处治，损坏面积小时，可局部修补；损坏面积大时，可将整跨的铺装层凿除，重新铺设。

示意

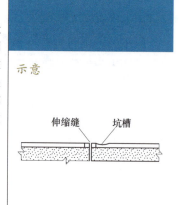

伸缩缝　　　坑槽

图 2-1　桥面铺装层裂缝、不平整

外观表现及其可能原因

    图为某市一桥面。桥面产生网状裂缝，原因多为沥青老化、级配不良、铺装层厚度不够，以及水分的渗透等。

检查及维修要点

    裂缝过大时，可能损伤桥面板，需同时对铺装层以下的结构进行检查。裂缝严重者应凿除铺装层重新铺设，桥面防水层如有损坏，应及时修复。

示意

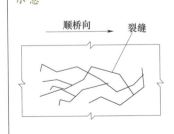

图 2-2　桥面铺装层网状裂缝

外观表现及其可能原因

行车道的纵、横方向发生线状裂缝。

横向裂缝原因可能为气温降低时沥青混凝土收缩造成，此外主梁（尤其是钢桥）过大的负弯矩变形也容易引起铺装层的横向裂缝。或是施工工期太短，施工完毕即投入使用，致使出现裂纹。

检查及维修要点

铺装层的裂缝可能加快桥面板的损伤，应同时检查桥面板以下的结构，确认是否需要维修。桥面防水层如有损坏，应及时修复。对开裂不严重者，可予以修补，开裂严重者或伴有边缘破碎，应予以局部更换。

示意

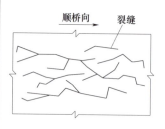

图 2-3 桥面铺装层纵、横向裂缝

外观表现及其可能原因

沥青混凝土铺装泛油、凹陷的外因多为交通量过大，且车辆长期通过的位置相同等。沥青用量过多、沥青稠度太低，塑性变形、混合料级配不良等是内因，亦可能由于低温季节施工，表面嵌缝料散失过多，气温回升时，行车作用导致矿料下挤，沥青上泛。

检查及维修要点

检查中应记录泛油的位置，维修中可根据情况采用铺洒粗粒径矿料予以处治或重新铺装。

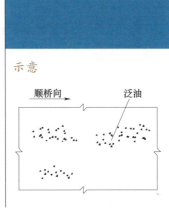

示意

图 2-4　桥面沥青混凝土铺装层泛油

外观表现及其可能原因

桥面铺装层产生波浪状凹凸。图中采用直尺测量其高差。

原因多为车辆制动、启动、超载，沥青撒布不均、沥青用量过多等。沥青多处矿料厚，沥青少处矿料薄，行车的撞击形成高低不平。

检查及维修要点

除对行车造成障碍外，车辆通过时也对伸缩装置、支座、主梁等造成影响，应注意对这些部位进行检查。由于沥青铺装颜色较暗，拍照片时可辅以反光板补光。

示意

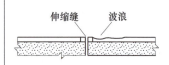

伸缩缝   波浪

图 2-5 桥面沥青混凝土铺装层波浪

22

外观表现及其可能原因

图为某桥的桥面出现的矩形坑洞。路面产生坑洞的原因主要为龟裂、网裂未得到及时养护。

检查及维修要点

坑洞过大会造成桥面板损伤，应对桥面板上下进行检查。处置方法是将坑洞范围挖成槽壁垂直的矩形，四周涂刷热沥青后分层用与原结构相同的材料填补，并予以夯实。

示意

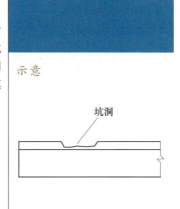

图 2-6　桥面沥青混凝土铺装层坑洞

外观表现及其可能原因

如图所示，栏杆扶手的涂装层及混凝土发生缺损，内部配筋容易腐蚀。大面积成片的缺损往往是选用的涂装层材料或工艺的问题，局部小面积的缺损多源于涂装时基面局部处理不当。

检查及维修要点

通过目测法进行检查，记录缺损的位置、程度，注意是大面积成片的缺损，还是局部的缺损，可拍摄照片以进行说明。扶手的缺损应及时补齐，开裂严重的钢筋混凝土栏杆，应凿除损坏的部分。

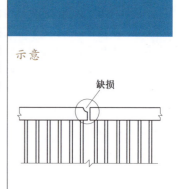

图 2-7　桥面栏杆涂装层及组成材料缺损

外观表现及其可能原因

　　钢筋混凝土护栏柱混凝土严重老化、露筋、钢护栏柱锈蚀。原因是缺乏必要的养护措施。

检查及维修要点

　　描述老化的严重性（范围、程度、是否露筋等），拍摄照片予以说明记录并标明位置，制定维修措施时，对严重者应予以更换。对钢护栏柱，应除锈后涂刷防锈漆。

示意

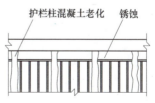

图 2-8　桥面钢筋混凝土护栏柱混凝土老化

外观表现及其可能原因

桥梁混凝土护栏柱连续断裂。造成该情况的原因可能是车辆撞击、人为破坏或是年久失修，钢筋混凝土腐蚀断裂。

检查及维修要点

检查中记录断裂的位置，观察、推测断裂的原因，如是否有撞击的痕迹等，辅以照片进行说明。并及时制定修护对策，加强警示，以免行人掉入河中。

示意

图 2-9　桥面钢筋混凝土护栏断裂

26

外观表现及其可能原因

桥面板和地栿之间发生裂缝，伴有石灰析出，原因为二者结合不良。

检查及维修要点

检查中应确定桥面等关联部位的损伤，采取维修措施，对漏水处予以封闭，开裂处应查明严重性。

示意

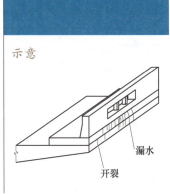

漏水

开裂

图 2-10　钢筋混凝土桥面板边缘开裂

外观表现及其可能原因

根据《城市桥梁养护规范》（CJJ 99—2003），栏杆应经常保持完好状态，栏杆柱应竖立正直。但养护不利的桥梁经常由于各种原因导致护栏病害，如异常撞击等导致钢制护栏发生变形。

检查及维修要点

除了应对桥梁上交通事故多发地段进行检查之外，还应对桥梁车流量较大或是转弯处的护栏应经常巡查，不仅要记录变形的部位，还应注意检查护栏的基础有无松动或断裂的迹象，以便及时了解桥梁的状况，对桥梁进行有针对性的修护。

示意

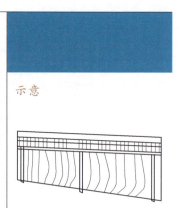

图 2-11　桥面钢制护栏被撞变形

外观表现及其可能原因

长期腐蚀后截面削弱的锚栓，在撞击等原因的作用下出现松动、断裂或拔出的现象。

检查及维修要点

记录发生松动、断裂或拔出锚栓的位置，若是混凝土开裂，对混凝土以同强度或是高一等级的混凝土进行修补，若是锚栓断裂应制定维修措施，进行置换。

示意

图 2-12 桥面钢制波形梁护栏锚栓松动

外观表现及其可能原因

钢护栏涂装层损坏、锈蚀。造成该情况的原因可能是由于护栏表面黏附含有酸碱盐等物质引起局部的腐蚀。

检查及维修要点

对桥梁护栏腐蚀部位进行记录入表，制定必要的养护维修措施，一般腐蚀较轻的护栏，可以铲除腐蚀部位，涂刷防锈油漆进行养护，对一些锈蚀后截面严重削弱的护栏柱应予以更换。

图 2-13　桥面钢护栏涂装层损坏、锈蚀

外观表现及其可能原因

由于腐蚀、车辆撞击、飓风作用或是人为因素等原因，导致交通标志倒塌。

检查及维修要点

交通标志和标线是桥梁的附属设施，应及时予以修复，并记录其破坏的原因，针对不同的破坏情况采取不同的维护措施，若是腐蚀原因，应对标杆进行防护处理；飓风作用破坏，应对标杆进行加固。

示意

图 2-14　桥面交通标志杆倒塌

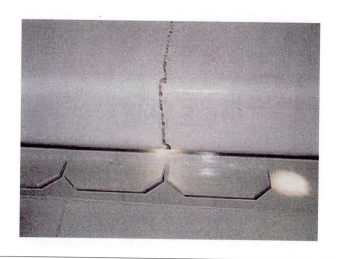

外观表现及其可能原因

钢桥面板的现场焊缝焊接热影响区疲劳裂纹。造成该情况的原因可能是桥梁面板在焊接过程中，焊缝不均匀，造成应力集中，在使用的过程中，出现了疲劳破坏。

检查及维修要点

检查同一批施工的其他现场焊缝，并标记该病害发生的部位，予以记录。对于裂纹较小的部位，可以采用补焊进行修补，对于裂纹较大的部位，应采用加贴钢板进行维护。

图 2-15　钢桥面板现场焊缝裂纹

桥梁的排水设施是保证降雨时雨水能快速排除到地面的附属构造，排水设施发生病害，水分不易排除，使桥梁的耐久性变差。在进行上部结构的检查中，应检查桥梁的排水设施是否完好，例如桥面泄水管是否堵塞、是否发生破损，桥墩、桥台是否有漏水的迹象等。图 2-16～图 2-20 是桥梁排水系统发生病害的一些实例。

泄水管发生严重的锈蚀和开裂，使雨水飞溅到混凝土桥面板及下部结构（照片拍摄方向为斜向上）。

检查及维修要点

对泄水管进行目视检查，记录发生病害的位置、程度，拍摄照片进行说明。锈蚀严重的泄水管，一般应予以更换。

示意

图 2－16　桥面泄水管锈蚀

34

外观表现及其可能原因

泄水管断裂，原因是塑料老化、铸铁遭受腐蚀或是车辆撞击破坏。

检查及维修要点

记录断裂的泄水管位置，对泄水管的破坏情况进行分析，并及时采取措施进行维护并对泄水管更换或修补。

示意

图 2-17　桥面泄水管腐蚀断裂

外观表现及其可能原因

集水口发生严重的锈蚀和堵塞，雨水难以排出。原因是缺乏有效的养护措施。

检查及维修要点

对集水口进行目视检查，记录发生堵塞和锈蚀的位置、程度，及时通过疏运工具进行清理，并对堵塞集水口的原因进行分析。对于生活垃圾的堵塞，要用钢丝网配合水枪对集水口进行防护。

示意

图 2-18　桥面集水口堵塞

外观表现及其可能原因

两幅桥之间的搭板与桥面之间密闭不严，导致大面积漏水。图中横向水流痕迹中，白色的为除冰盐的结晶。

检查及维修要点

从桥梁下面仰视进行检查，对产生流水痕迹处重点检查，从流水痕迹推断漏水的位置及原因。养护中应注意对漏水部位的密封。

示意

漏水

图 2-19　桥面漏水

外观表现及其可能原因

桥面悬臂翼缘板漏水，同时伴有白色物质析出。原因可能为排水管堵塞，或桥面防水层破坏。

检查及维修要点

检查中应注意桥面板及防水层是否发生破坏，尤其在主梁的负弯矩区，主梁开裂容易导致钢筋腐蚀。记录好楼面板漏水的原因，对排水管和排水沟进行及时的清理。

示意

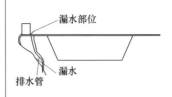

图 2-20　桥面悬臂翼缘板漏水

第二节　伸缩缝的外观检查

桥面伸缩缝是为了减轻材料胀缩变形对结构的影响，使车辆平稳过渡到桥面的重要装置，由于其一般设置在梁端构造薄弱的部位，直接承受车辆反复荷载的作用，受到各种自然环境因素的影响，因此，伸缩缝会经常发生各种不同程度损坏，而且一般难于修复，因此在桥梁外观检查中其地位也显得非常重要，伸缩缝常见病害实例见图 2-21～图 2-24。

外观表现及其可能原因

车轮荷载过重，可能会造成橡胶垫的脱落，并加剧钢板脱落。橡胶条的胶粘材料老化也是造成脱落的常见原因。

检查及维修要点

需要进行跟踪检查，注意橡胶垫部位是否漏水。检查时若遇到伸缩缝积聚砂石等杂物，可予以剔除后检查。对于伸缩装置破坏较为严重的部位应予以及时更换。

示意

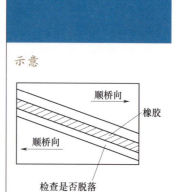

图 2-21　伸缩装置损伤

外观表现及其可能原因

　　图示桥梁伸缩缝内堆积杂物，造成阻塞。造成该情况的原因可能是垃圾物在雨水的冲刷作用下堆积在该处。

检查及维修要点

　　对桥梁伸缩缝进行检查，记录阻塞的伸缩缝的位置，拍摄照片进行说明。应用手或是铁夹清理伸缩缝中的垃圾物，以免长期堆积影响伸缩缝的性能。

示意

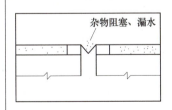

图 2-22　伸缩缝阻塞、漏水

41

外观表现及其可能原因

图示桥梁伸缩缝内堆积砂石，造成阻塞（北京顺平路小中河桥）。造成的原因可能是，大量装载砂石的车辆出现漏沙情况，堆积于此。

检查及维修要点

对桥梁伸缩缝进行检查，记录阻塞的伸缩缝的位置，拍摄照片进行说明。一般利用清洁工具将伸缩缝中的砂石清理干净即可。

示意

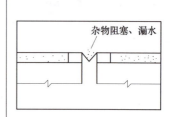

杂物阻塞、漏水

图 2-23 伸缩缝阻塞

外观表现及其可能原因

在长期运营后，钢桥伸缩缝的附着部焊缝脱落，图示为拆除维修的情形。由于伸缩缝处的变形较大，再加之钢桥的刚度小，容易使伸缩缝与主梁的连接焊缝产生疲劳断裂。

检查及维修要点

从桥面观察伸缩缝与主梁的连接部是否有过大的裂缝，车辆通过时是否有明显变形。维修时应注意将槽口内的杂物清理干净，以免影响新老混凝土之间的黏结。

示意

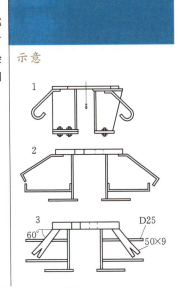

图 2-24　钢桥伸缩缝焊接部位断裂

43

第三节 桥梁支座的外观检查

桥梁支座是上部结构与下部结构的连接点,主要将上部结构的荷载传递到桥梁墩台上,按其作用形式主要分为:固定支座和活动支座两种形式。支座的损坏程度将影响桥梁的承载能力和使用寿命,必须经常注意检查养护,桥梁支座常见病害实例见图 2 –25~图 2 – 35。

外观表现及其可能原因

从图中可以看出伸缩装置两端产生高差，发生此种现象的原因可能是由于过往车辆急刹车产生的振动作用或桥面板底部的支座出现破坏。

检查及维修要点

车辆振动冲击不仅会造成坑洞，也会造成伸缩装置和桥梁主梁的损伤。

原因可能发生在支座上，对其附件也要进行检查，必要时应予以更换。

示意

伸缩缝两端高差

支座损伤

图 2-25　桥支座损伤

外观表现及其可能原因

  钢桥的支座围护砂浆由于地震、超载车辆急刹车、车辆撞击桥墩等水平冲击作用而破碎。

检查及维修要点

  通过现场观测，分析支座破坏的原因，若是震害原因，应根据震害的特点进行加固，增加钢架支架维护，涂上防锈油漆。若是车载急刹车等作用产生，可采用柔性砂浆或对支座外露部分施以涂层来防止锈蚀。

示意

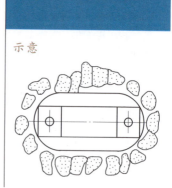

图2-26 桥支座围护砂浆碎落

46

外观表现及其可能原因

连续梁支座发生脱空，锚栓拔起。

原因是在地震突发荷载作用下发生落梁破坏，使得支座处锚栓拔起；或是由于车辆重载（超载）使得支座产生负反力，导致桥梁倾覆；或是由于桥墩的不均匀沉降导致产生负反力或桥墩的不均匀沉降。

检查及维修要点

应核算反力的大小，对产生负反力，可通过配重等措施予以消除，确难消除而不得不产生少量上拔量者，可解除支座与主梁之间的联系。

示意

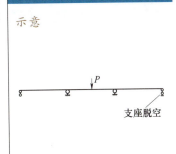

图 2-27　桥支座脱空

外观表现及其可能原因

　　墩台顶面，支座下混凝土开裂，原因是支座距墩台边缘的距离过小。

检查及维修要点

　　属于严重的病害，对桥梁的安全构成威胁，对于较宽的裂缝应立即进行限载、维修，对较细小的裂缝，可继续进行密切观察。

示意

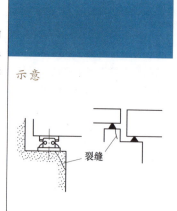

裂缝

图 2-28　桥支座边缘混凝土开裂

外观表现及其可能原因

伸缩装置排水不良，雨水从侧面侵入，由于装置外覆盖的沙尘具有保水作用，使支座长期处于湿润状态，逐渐被腐蚀。

检查及维修要点

支座腐蚀严重时，丧失滑动和转动功能，主梁在支座附近容易引起疲劳裂缝。应密切关注下部结构的损伤状况，对所有的支座进行检查。

示意

图 2-29　桥支座腐蚀

外观表现及其可能原因

支座发生水平位移，原因是支座的竖直反力较小而水平变位较大，在水平摩阻力的作用下锚固螺栓剪切破坏而发生水平位移。

检查及维修要点

检查支座时应注意支座的纵桥向位置是否有异常，锚固螺栓是否有松动的迹象。必要时应顶起主梁，对支座进行归位处理。

示意

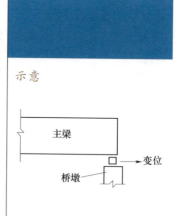

图 2-30 桥支座水平变位

外观表现及其可能原因

在水平反力和竖向反力的作用下，钢桥支座发生倾斜，不均匀下沉。

检查及维修要点

检查过程中应注意支座的形态和位置，记录发生倾斜和下沉的位置，利用千斤顶等机具顶起主梁之后，对支座部位进行修复更换。

示意

图 2-31 钢桥支座倾倒下沉

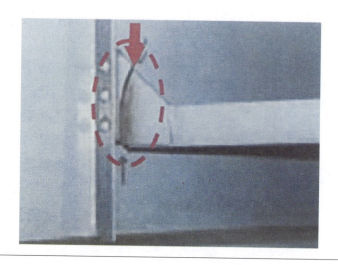

外观表现及其可能原因

　　杆件连接板断裂，主要原因为外界循环荷载作用使连接部位发生往复变形，形成疲劳裂缝，继而发生疲劳断裂。

检查及维修要点

　　构件疲劳断裂造成的后果十分严重，平时应多注意检查有可能产生交变应力的构件，必要时可以利用超声波探伤仪探查不易发生的裂缝，及时补焊或更换连接板。

图 2-32　杆件连接板断裂

外观表现及其可能原因

　　斜拉桥主塔的拉锁底部连接螺栓被拉断，主要原因为螺栓腐蚀严重，使有效受力面减小，应力过大而被拉断。

检查及维修要点

　　应迅速查明螺栓损坏的数量，记录位置，及时更换螺栓，必要时可封闭大桥进行紧急检修。

图 2-33　斜拉桥拉锁底部连接螺栓拉断

外观表现及其可能原因

　　桥梁限位装置下盘位置异常，与限位装置上盘卡片一端距离过近甚至相互接触，失去位移余量，易引起局部应力集中使下部混凝土开裂。主要原因多为施工误差、温度变化产生位移、桥台或墩柱变位等。

检查及维修要点

　　首先应确定较大变形产生的原因，若为温度和施工误差可用千斤顶顶起，并调整限位装置位置；若为桥台、墩柱过度变位则应立即全面检查整个桥墩的稳定性。

示意

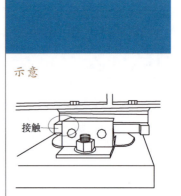

图 2-34　桥梁限位装置位置异常

外观表现及其可能原因

支座上部连接板开裂，主要原因为连接板强度较低、存在裂纹砂眼等铸造缺陷或是桥面大型车行驶引起振动使连接板产生疲劳断裂。

检查及维修要点

应严格检查连接板是否存在铸造缺陷，经常检查构件表面是否有异常变形，必要时可用超声波探伤仪检查内部损伤。

示意

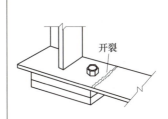

图 2-35　支座上部连接板开裂

第四节　钢筋混凝土梁桥的外观检查

钢筋混凝土梁桥的常见病害，如图 2-36～图 2-47 所示。

外观表现及其可能原因

图示钢筋混凝土箱形梁的下缘混凝土从钢筋上剥离，钢筋锈蚀。原因可能是混凝土保护层厚度不够，混凝土质量差，或盐害。

检查及维修要点

检查中应确定混凝土劣化的原因和范围，制定维修方案。对于一般较小面积的劣化混凝土可以利用机具将劣化的混凝土层铲除，然后配合高一强度的混凝土进行修复，对于大面积的劣化，要对所有混凝土层进行置换。

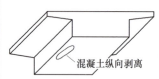

示意

混凝土纵向剥离

图 2-36　钢筋混凝土板下缘混凝土纵向剥离

外观表现及其可能原因

　　挂梁端部产生斜向裂缝。

　　原因多为超过设计值的荷载及主梁伸缩产生的拉应力。

检查及维修要点

　　需严密把握周围排水及劣化状况，检查有无裂缝出现。

示意

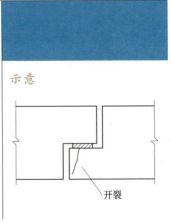

开裂

图 2-37　挂梁端部损坏

外观表现及其可能原因

新老混凝土结合部发生损坏。

原因多为界面处理不当。

检查及维修要点

结合部位的剪断、裂缝等对承载能力有很大影响，要进行详细调查，对异常声响、高差也要注意。

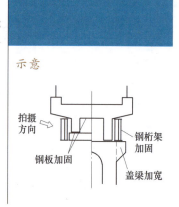

示意

图 2-38　结合部损坏

外观表现及其可能原因

梁下产生裂缝及浮出物。

原因是排水措施不当使得水分滞留加剧了混凝土的劣化和开裂，导致混凝土产生析碱现象。

检查及维修要点

针对劣化原因及范围作出维修计划（可能造成严重伤害的情况下，应采取应急措施）。

示意

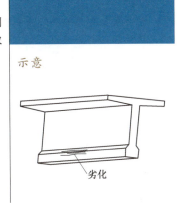

劣化

图 2 - 39　钢筋混凝土梁混凝土劣化

外观表现及其可能原因

　　钢筋混凝土梁侧面支点附近由于超载造成损伤，产生剪断裂缝，伴有石灰析出。

检查及维修要点

　　确定桥面等相关部位的损伤状况，并采取维修措施。

示意

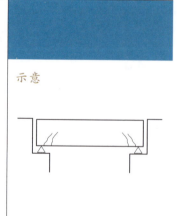

图 2-40　钢筋混凝土梁支点截面损伤

外观表现及其可能原因

原因多为伸缩缝漏水，或由于泄水管堵塞导致雨水从护栏座底排出，引起梁端混凝土劣化。支座处截面的巨大剪力以及支座传来的集中反力，加剧了漏水引起的劣化的程度。

检查及维修要点

应检查伸缩缝漏水的部位，检查梁端、支承部位的损伤程度，对发生损伤的范围、程度进行描述。制定维修处理方案时，应考虑伸缩缝漏水的处理。

示意

图 2-41　钢筋混凝土主梁端部局部应力集中

外观表现及其可能原因

在一些骨料发生反应的混凝土中，随着环境湿度的干湿交替，常发生梁体的纵向裂缝；在预应力混凝土梁中，沿着预应力管道方向，也常因压应力过大而发生纵向开裂。

检查及维修要点

检查时应详细记录发生开裂的部位、裂缝的长度、走向，为制定进一步的检查方案提供依据，维修中应根据裂缝的严重性确定处理方案，对一些与结构安全关系不大的裂缝，可只采取封闭措施。

示意

图 2-42 钢筋混凝土主梁纵向裂缝

　　主梁表面出现混凝土空洞，钢筋露出。原因可能是振捣不够密实，或遭受外力破坏。

检查及维修要点

　　应检查空洞的个数，判别是个别现象还是普遍现象，对孔洞的深度、位置、范围进行记录，并描述钢筋锈蚀的颜色、程度等。

示意

图 2-43　钢筋混凝土主梁混凝土空洞

63

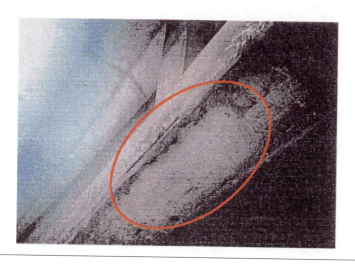

外观表现及其可能原因

主梁底面混凝土发生片状剥离，但尚未脱落，敲击时发出空洞声。原因多为施工中振捣不密实或大面积钢筋锈胀。

检查及维修要点

检查时对梁底边缘出现纵向裂缝者，通过敲击判别声音是否有空洞，并初步判别空洞的范围。

示意

图 2-44　钢筋混凝土主梁底面片状剥离、空洞

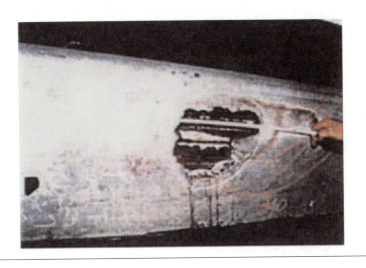

外观表现及其可能原因

主梁下缘预应力管道产生空洞，预应力钢束腐蚀。原因多为灌浆不够密实。

检查及维修要点

检查中可敲击梁底，听取是否有空洞声，对产生空洞处可进行凿开检查，记录管道内空洞的大小以及预应力钢束的锈蚀情况，不严重者可采用钢刷除锈后用环氧砂浆封闭。

示意

图 2-45　钢筋混凝土预应力管道空洞，钢束锈蚀

外观表现及其可能原因

一些设有伸缩缝的梁端，横向预应力粗钢筋管道灌浆不密实，渗水或防冻剂的渗入导致钢筋锈蚀后破断，从梁侧面突出。

检查及维修要点

横向预应力钢筋的破断突出属严重病害，对桥梁的承载能力构成威胁，应尽快上报处理，以便及时采取限流限载等措施。

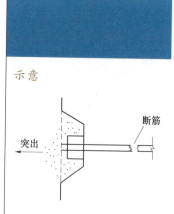

图 2-46　钢筋混凝土横向预应力钢筋破断、突出

外观表现及其可能原因

混凝土材料从钢筋表面剥离，大面积露筋。

原因多为混凝土保护层厚度不足，质量缺陷或遭受含盐大气腐蚀。

检查及维修要点

应确定发生劣化的原因和范围，考虑对混凝土材料取样分析。

示意

盐害、露筋

图 2-47　钢筋混凝土盐害

第五节 钢桥的外观检查

钢桥的上部结构应满足强度、刚度、稳定性的要求。由于钢结构桥梁是采用型钢或钢板通过焊接、螺栓连接等连接方式连接而成的，因此在钢桥的外观检查中，应根据钢结构的形式，加强对各部分连接节点及杆件、铆钉、销栓、焊缝的检查。检查中应着重注意：

（1）构件（特别是受压构件）是否扭曲变形，局部损伤。

（2）铆钉和螺栓有无松动、脱落或断裂，节点是否滑动、错裂。

（3）焊缝边缘有无裂纹或脱开。

（4）油漆层有无裂纹、起皮、脱落，构件有无锈蚀。

（5）钢箱梁封闭环境中的湿度是否符合要求，除湿设施是否工作正常。

此外，由于钢结构容易受到氧化与腐蚀，因此在检查中应注意其外观是否清洁，冬季是否积有冰雪，泄水管是否畅通，桥面铺装是否有坑洼积水现象，渗漏部分应及时修补。当桥面积水时，应设置直径不超过50mm的泻水孔。

在钢桥外观检查中，常见的一些病害示例见图2-48～图2-58。

外观表现及其可能原因

钢管混凝土桥的边跨拱肋涂装层发生脱落，导致钢管锈蚀。大面积的涂装层脱落时，应考虑涂装层材料本身或施工工艺问题，小面积局部的涂装层脱落可能是由于局部基层处理不当。

检查及维修要点

对钢桥的涂装层进行目视检查，对容易遭受撞击、雨水侵袭等部位尤应注意。检查中应记录涂装层脱落的部位和范围，拍摄照片进行标明，并及时进行补修处理。

示意

破损位置

图 2-48　钢桥涂装层脱落

外观表现及其可能原因

钢桥面板焊缝出现裂纹，热影响区钢材变脆，产生焊接裂纹；若施工过程已通过检查，则裂纹的性质为车辆荷载往复作用下出现疲劳裂纹。

检查及维修要点

检查中应注意有无大的裂纹，以及车辆通过时是否有异常音。

示意

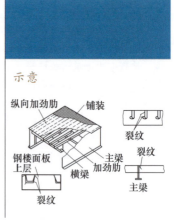

图 2-49　钢桥面板焊缝出现裂纹

70

外观表现及其可能原因

由于常年缺乏养护措施，钢板梁涂装层脱落，严重锈蚀。

检查及维修要点

目视检查，对涂装层疑似松动、锈胀处，可用木质锤子敲击，或可见脱落。检查中应记录锈蚀的程度、范围和位置，辅以照片。

轻微锈蚀者，可去除锈迹，重新涂装，锈蚀严重者应予以更换，应特别注意连接件（销钉、螺栓、铆钉等）的锈蚀。

示意

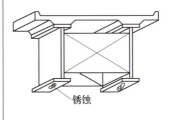

锈蚀

图 2-50 钢桥横梁严重锈蚀

外观表现及其可能原因

图示钢板梁的下翼缘严重锈蚀。发生严重锈蚀的原因是缺乏养护，以及腐蚀性大气环境的侵蚀等。

检查及维修要点

目视检查，对涂装层疑似松动、锈胀处，采用木槌敲击，或可见脱落。检查中应记录锈蚀的程度、范围和位置，辅以照片。

轻微锈蚀者，可去除锈迹，重新涂装，锈蚀严重者应予以更换，应特别注意连接件（销钉、螺栓、铆钉等）的锈蚀。

示意

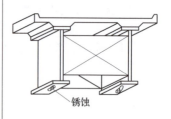

锈蚀

图 2-51 钢桥主梁严重锈蚀

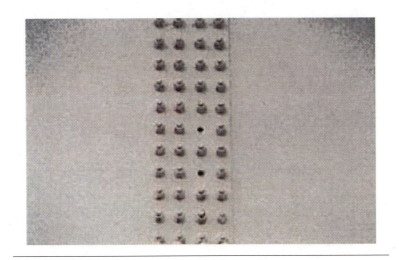

外观表现及其可能原因

　　主梁拼接断面螺栓缺失，原因多为螺栓杆锈蚀断裂，或在检查中脱落，而尚未更换。

检查及维修要点

　　记录发生螺栓缺失的拼接断面的位置、缺失的数量、缺失的具体位置，为制定补修方案提供依据。脱落的螺栓应及早补充。

示意

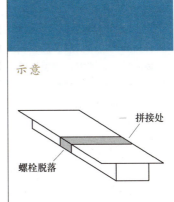

图 2-52　钢桥主梁拼接处螺栓脱落

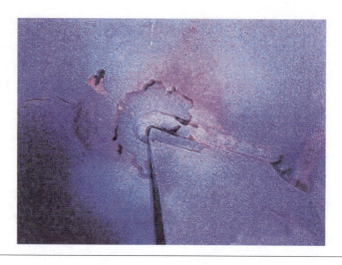

外观表现及其可能原因

垂直加劲肋上端焊缝出现裂纹，热影响区钢材变脆，车辆荷载往复作用下，节点处容易出现应力集中并出现疲劳裂纹。

检查及维修要点

有时裂缝很微小，应通过仔细观察垂直加劲肋上端的涂装层，检查是否有开裂的迹象，若有开裂裂缝的，应及时进行加固处理，以免长期的破坏，致使钢板疲劳断裂。

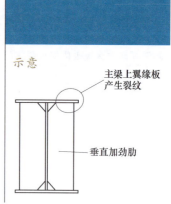

示意

主梁上翼缘板
产生裂纹

垂直加劲肋

图 2-53　钢桥垂直加劲肋上端焊缝裂纹

外观表现及其可能原因

由于风载的作用，长期的振动等原因，吊杆端部发生疲劳断裂。

检查及维修要点

记录好吊杆顶部疲劳破坏的部位，检查吊杆端部，分析其产生的原因，设计中应尽量降低其应力变化幅值。若断裂区较小时，可以采用矫正补焊等措施进行修补，若情况较为严重应采用高强度加劲板进行加固。

示意

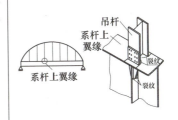

图 2-54　钢桥吊杆端部疲劳断裂

外观表现及其可能原因

钢混组合梁的滴水构造不能起到应有的作用，导致水分过多侵入梁体，引起混凝土腐蚀。

原因多与设计或施工质量有关，使滴水的深度过浅，且坡度不足，仍发生漫流的现象。

检查及维修要点

当检查时发现梁体混凝土及钢梁已引起腐蚀时，应对腐蚀的范围、位置作出记录，并拍摄照片说明，对破坏严重的梁一般铲除并进行置换。

示意

滴水

图 2-55　钢混组合梁滴水腐蚀

外观表现及其可能原因

从图中可以看出桥面板的地面板处的混凝土疲劳，产生剥落。产生这种情况的原因可能是混凝土没有达到设计强度就开始进行施工，在车流量过大的情况下混凝土出现疲劳破坏。

检查及维修要点

50cm 以上露筋，铺装上对应位置有白色粉状物质析出时都属于紧急状态。在损伤情况较小的情况下，可以采用等级相同或是高一等级的混凝土进行修复，并适当限制桥梁上的车流量。

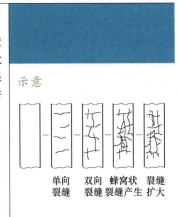

示意

单向裂缝	双向裂缝	蜂窝状裂缝产生	裂缝扩大

图 2-56　钢混组合梁桥面板混凝土剥落，钢筋拔出

外观表现及其可能原因

桥面板接缝在行车荷载作用下出现异常响声，漏水或石灰析出的现象；连接钢板发生腐蚀或变形，交界面剥离。

检查及维修要点

检查中，若发生连接钢板的变形，则是剥离的前兆。应记录变形的位置，拍摄照片予以说明。并对钢板的变形原因进行分析，采取适当的防止措施。

示意

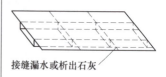

接缝漏水或析出石灰

图 2-57　钢混组合梁混凝土桥面板接缝病害

外观表现及其可能原因

异常声响、漏水及游离石灰、加强钢板腐蚀或变形、交界面剥离。

检查及维修要点

注意大型车交通量大，排水不良，桥面有凹陷，遭受含盐大气侵蚀者，检查裂缝有没有贯通及裂缝形态。

示意

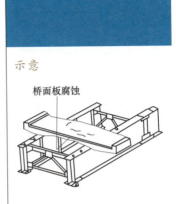

桥面板腐蚀

图 2-58　钢混组合梁混凝土桥面板腐蚀

第三章　桥梁下部结构的外观检查

第一节　桥墩病害的外观检查

桥墩外观检查中的一些常见病害见图 3-1～图 3-23。

外观表现及其可能原因

图中呈褐色的地方为钢桥墩盖梁内部板材遭受严重腐蚀部分，由于锈胀，表面涂装层逐渐剥落。该类病害多源于伸缩装置漏水、涂装层局部老化而得不到及时修复。

检查及维修要点

应详细记录腐蚀的部位，腐蚀的程度及发展态势，记录腐蚀最严重部位的具体位置，观察顶板及侧面有无漏水迹象，观察涂装层的损伤情况，描述损伤形态，有条件时，可拍摄局部放大照片。

巡检中要做好养护记录，对比上次检查情况，评估腐蚀损伤的进展速度，确定事件的严重性，必要时应进行板材剩余有效厚度的测定。

示意

腐蚀

图 3-1　箱形钢桥墩盖梁的腐蚀（一）

外观表现及其可能原因

支座下柱式桥墩的柱头发生竖向开裂，裂缝在平面上呈放射状。多为局部荷载过大而柱头内防裂钢筋配置不足导致的劈裂；亦可能因地震或整体温度改变引起的水平力过大而导致撕裂。

检查及维修要点

应记录开裂的部位，初测裂缝的宽度、描述裂缝的形态及新旧程度。

在地震过后、温度骤变或发生其他异常情况后，该部位属于重点检查对象，一旦发现此类病害，应立即汇报，并进行详细调查，评估桥梁承载能力并采取加固措施。

示意

图 3-2　混凝土桥墩盖梁放射状开裂

外观表现及其可能原因

水分从连接部渗入，或由于外界气温的改变，使水蒸气凝结成水滴，导致连接部位产生严重锈蚀，检查中可发现明显锈蚀。

检查及维修要点

应记录腐蚀的部位和腐蚀范围。若有雨水渗透，应描述渗透的路径。

在漏水严重的部位，应涂装防水涂层，必要时进行详细检查。

示意

腐蚀

图 3-3　箱形钢桥墩盖梁的腐蚀（二）

外观表现及其可能原因

　　由于焊接施工不当、疲劳强度低、超重车辆的通过、铺装及伸缩装置的安装高差产生的冲击，以及荷载的增加导致裂纹的产生。

检查及维修要点

　　照片为垂直于支承方向所产生的裂纹，由支座处侵入，一旦确认为开裂，则有必要进行详细检查（非破坏性检查）和修复。

示意

裂缝

图 3-4　箱形钢桥墩盖梁的焊缝裂纹（三）

外观表现及其可能原因

在普通螺栓连接中，长螺栓在长期服役过程中遭受环境腐蚀，栓杆截面过度削弱，造成脱落。

检查及维修要点

检查中可以通过敲打等方式确认有无异常，有的螺栓即便没有脱落，也已经松动，在维修中也应一并予以更换。

示意

图 3 - 5   钢桥墩盖梁锚栓脱落

外观表现及其可能原因

　　钢桥墩盖梁悬臂端受压边缘焊缝开裂。原因可归结于焊缝质量不过关，或存在焊接初始缺陷等。这种未能按规范严格施工导致的现象在荷载的作用下损伤极易扩展，导致开裂范围加大。

检查及维修要点

　　检查中应注意对焊缝外观进行检查，注意是否有发生细微的裂纹。可通过小锤轻击，听取是否有无劈裂声音。发现问题时，应记录桥墩的具体位置，对开裂的现象予以描述，并拍摄照片。

　　图示这种大面积的开裂，可用砂轮重新打磨出坡口后予以补焊。

示意

焊缝开裂

图 3-6　天桥钢桥墩盖梁焊缝开裂

外观表现及其可能原因

外涂装层劣化的代表性原因主要包括：涂装层本身材质不好、超过使用寿命，以及桥梁所处的环境（大气污染等）影响等。

检查及维修要点

涂装层劣化也是损伤的一种，检查时容易被忽视；根据腐蚀的程度，若有调查的必要，需进行重新涂装。

示意

涂装层劣化

图 3-7　钢桥墩盖梁涂装劣化

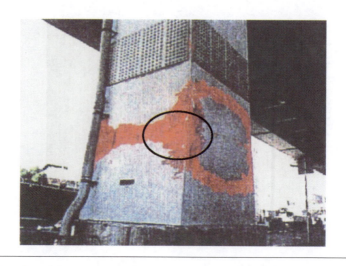

外观表现及其可能原因

　　大型车辆的刮蹭、地震等原因，引起钢桥墩的损伤导致过大的塑性变形，表面涂装层脱落（呈红色）。

检查及维修要点

　　由于车辆碰撞等原因，致使所用构件折断，或由于地震作用造成局部失稳变形等，应立即进行修复处理。

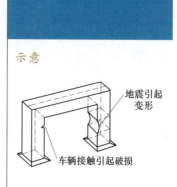

示意

地震引起变形

车辆接触引起破损

图 3 - 8　钢桥墩变形、破断

外观表现及其可能原因

　　施工时未拧紧、车辆通过时的震动以及人孔使用后忘记拧紧等原因所致损伤。

检查及维修要点

　　由于检查孔的螺栓不紧，经常可以看到雨水侵入桥墩，腐蚀和积水所造成进一步损伤，发现这种情况时应立即增设加固螺栓。

示意

检查孔

图 3-9　箱形钢桥墩盖检查孔难以关闭

外观表现及其可能原因

图片显示牛腿梁腹板疲劳裂纹或焊缝裂纹附近的裂纹。原因是由于焊接热影响区金属变脆，尤其是三方向的焊缝较为集中的部位，输入热量多，焊接残余应力复杂，易引起疲劳开裂。

检查及维修要点

若发现裂纹，还应检查桥梁相似部位的构件，制定应急维修预案。

示意

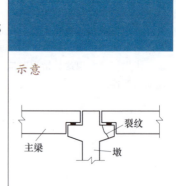

图 3-10 钢筋混凝土牛腿梁疲劳开裂

外观表现及其可能原因

异常音通常为构造上的缺陷所致。可预测所支承的主梁、桥墩拼接部、垂直支撑等发生了问题。

检查及维修要点

异常音多为小的损伤，但如果构件发出类似在摇晃的声音时，需立即确认发生部位，以及是否为构造上的缺陷。

示意

图 3-11　箱形钢桥墩异常音

外观表现及其可能原因

混凝土表面有龟裂或蛛网状的裂缝，可能由骨材的碱性反应、干燥收缩等原因造成。

检查及维修要点

出现该状况的多数原因为混凝土使用不合规格。随劣化程度的加深，可能会发生水泥层的剥离和剥落。骨材可能发生碱性反应，应进行详细调查。

示意

图 3-12　箱形钢桥墩出现龟甲纹或裂缝

外观表现及其可能原因

由于排水管路阻塞，钢桥墩盖梁和墩柱之间的连接部积存有雨水。

检查及维修要点

排水管在桥墩基础附近经常由于泥沙造成阻塞，引起桥墩内部大量的雨水滞留，检查时应注意在基础附近的排水管是否有阻塞，尽早进行排水，并根据腐蚀发展的程度，制定进一步的检测措施。

示意

滞水

图 3-13　箱形钢桥墩滞水

外观表现及其可能原因

钢筋混凝土桥墩上缘、侧面发生开裂。原因可能为：荷载的增大、地基下沉或倾斜、施工时模板支架的下沉等。

检查及维修要点

盖梁悬臂部分较长容易发生此类病害；悬臂式桥墩盖梁的中间偏上部分和门式桥墩的盖梁中央部下缘，也可能发生这种裂缝；由于裂缝的程度可能对构造造成影响，因而需要进行详细调查，尤其是在预应力混凝土结构的情况下，应及早进行处理。

示意

图 3-14　钢筋混凝土桥墩盖梁开裂

外观表现及其可能原因

桥墩盖梁有大面积的白色析出物（游离石灰）发生，游离石灰布满梁及裂缝附近。主要原因可以考虑为上部结构的接缝处漏水。

检查及维修要点

多数原因为上部结构的接缝漏水，有必要对漏水原因进行检查。一般来讲，水的移动容易造成裂缝及其附近容易发生游离石灰。因此，对于附近发生游离石灰的情况，要确认附近是否有裂缝，在可能造成其他病害的情况下，有必要采取应急措施。

示意

图 3-15 钢筋混凝土桥墩游离石灰

外观表现及其可能原因

从上部结构渗入的水分，滞留在盖梁的上部，然后从桥墩支梁处流出，主要原因可以考虑为由上部结构的接缝等处的漏水。

检查及维修要点

桥墩漏水、滞水的原因，主要为主梁、伸缩装置、排水设施的损伤所致。梁上部的滞水，通常在日常检查的很多情况下检查不出。因此，在桥墩盖梁墩柱确认有漏水的情况下，有必要对上部结构的漏水及盖梁上部的滞水情况、支撑的腐蚀状况进行调查。

示意

图 3-16　钢筋混凝土桥墩漏水、滞水

外观表现及其可能原因

如图，混凝土桥墩表面可以看到混凝土保护层剥离，可以考虑为混凝土的中和反应、钢筋腐蚀膨胀所致。

检查及维修要点

混凝土表面剥离时，最初阶段只是表面有微细裂缝，肉眼很难辨认，有必要时可通过敲击检查等方法对其范围、规模进行调查。当这种剥离有可能造成其他伤害时，要采取应急措施。

示意

图 3-17　钢筋混凝土桥墩锈胀

外观表现及其可能原因

在图中可以看到小的木板和钢筋露出。小木板可以考虑为施工过程中模板拆模时遗留的；钢筋保护层不足，引起锈涨，是造成露筋的主要原因。

检查及维修要点

钢筋暴露部分，有必要确认其周围是否还有裂缝和剥离的现象，露出木屑处，因环境条件等原因，易受到腐蚀侵袭，有必要在其附近用敲打等方法进行检查确认。

示意

高水位

低水位

图 3-18　钢筋混凝土桥墩空洞、露筋

外观表现及其可能原因

沿着钢筋外面的混凝土剥离处，可以看到钢筋，这种剥离和钢筋暴露可以考虑为中和反应、上部结构的漏水产生钢筋腐蚀膨胀压力所致。

检查及维修要点

可以判断为混凝土保护层不够，因此，可通过敲击法进行确认。

示意

图 3-19　桥墩钢筋混凝土剥离、露筋

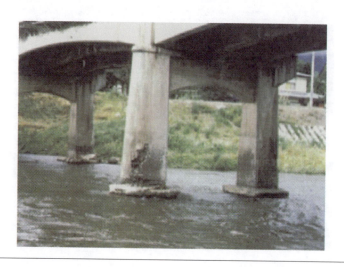

外观表现及其可能原因

　　如图，桥墩混凝土缺损，可以判断为外涂装混凝土厚度不够，或遭受外力撞击。

检查及维修要点

　　完工后未发现的施工缺陷的表层部，因水流冲蚀等造成明显的表面剥离，构件的承载能力会有所降低，有必要进行详细的调查。可通过敲打的方法确认剥离的范围。

示意

图 3 - 20　桥墩钢筋混凝土缺损、露筋

外观表现及其可能原因

桥墩浸润在水中的部分可以看到混凝土骨料的暴露和变色，这是因为在酸性河川内，化学腐蚀导致水泥逐渐溶出所致。

检查及维修要点

随着侵蚀的发展，混凝土材料的缺失和水泥的流出反复进行，造成承载能力降低，应立即进行详细的调查，制定维修措施。

示意

图 3-21　桥墩钢筋混凝土变色、劣化

外观表现及其可能原因

沿着钢筋发生裂缝，伴随有锈蚀和剥离，盐害、中和反应、水泥质量不良、覆盖不足等原因使钢筋发生腐蚀。

检查及维修要点

随着钢筋腐蚀程度的加深，可能发生裂缝开口、混凝土剥离、剥落、钢筋断面缺失等现象而导致构件耐力低下，有必要对劣化原因进行详细调查；可能造成进一步伤害的情况下，有必要对剥离部分采用敲落后及时修补等应急措施。

示意

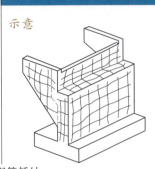

图 3-22　桥墩钢筋锈蚀

外观表现及其可能原因

由于焊接残余应力大，热影响区的作用使钢材变脆，再加上应力变化幅值大，上承式拱桥的腹孔墩端部产生疲劳裂纹。

检查及维修要点

一些短的立柱端部，应力变化幅值大，容易产生疲劳裂纹，应仔细检查是否有疲劳裂纹。

示意

图 3-23　上承式拱桥腹孔墩端部疲劳断裂

第二节 桥台病害的外观检查

桥台位于桥梁的两端，是支承桥梁上部结构并与路堤相衔接的构筑物。桥台病害外观检查中，常见的病害简图见图 3 - 24～图 3 - 46。

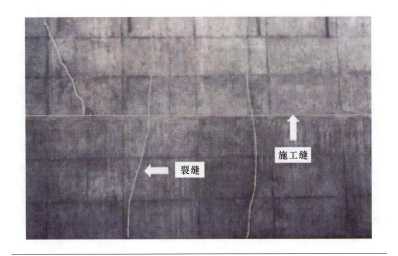

外观表现及其可能原因

垂直方向发生等间隔的裂缝、可以考虑为温差及干燥产生的收缩。

检查及维修要点

很少是构造上的原因，在裂缝贯穿构件的情况下，可能是背面的漏水。另外，腐蚀性介质的侵入也使钢筋腐蚀的危害加大，最好对钢筋腐蚀状况进行详细的调查。

示意

图 3-24　桥台横向收缩

钢筋量较少的构件发生龟甲状裂缝，棒状构件沿主筋方向发生裂缝，伴有白色的石灰质析出，可以考虑为骨料的碱性反应所引起的混凝土膨胀。

当有水分的补充时，会致膨胀加剧，因膨胀产生的压力，可引起钢筋发生断裂，因此有必要对水分的供给状况及使用材料的种类进行调查。

示意

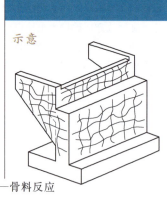

图 3-25　桥台碱—骨料反应

106

外观表现及其可能原因

　　桥台的前墙产生斜向裂缝，造成横向高差，其原因可以考虑为地基冲刷、不均匀下沉等变位。

检查及维修要点

　　当发生斜向裂缝时，很可能是由于地基发生了变位，有必要对地基承载能力进行详细调查。

示意

图 3-26　桥台斜向裂缝

外观表现及其可能原因

寒冷地带，受雨水、地面排水等影响的地方，发生细的网状裂纹，特别在朝南的侧面很明显，混凝土可能发生轻微剥离，原因可以考虑为混凝土中水分的冻结溶化过程所致。

检查及维修要点

供水和温度的反复变化导致劣化加深，可能造成混凝土的剥离。另外，混凝土的剥离可致钢筋腐蚀、露出，有必要进行详细调查，在可能造成进一步伤害的情况下，要对剥离部分采取敲落并及时修补等应急措施。

示意

图 3-27　桥台冻害

外观表现及其可能原因

桥台台帽上堆积有大量的杂物,是一些养护不力的桥梁经常发生的病害。本图照片拍摄方向为从河中心向桥台,桥台台帽上在两片主梁之间呈褐色者即为堆积的杂物,常见于 T 梁桥,主梁就位后施工湿接缝、桥面系时,从缝隙中掉落的混凝土、石子、砂等,堆积在台帽或盖梁上,影响了主梁的纵向变形和支座的纵向变位。

检查及维修要点

检查人员应设法深入到桥梁的台帽、盖梁等视线死角进行检查。当桥台、桥墩较高,难以观察时,也可到远处通过望远镜观察。有此病害时,记录病害的位置、程度。有条件时,可拍摄照片以进行说明,在养护中应注意进行清理。

示意

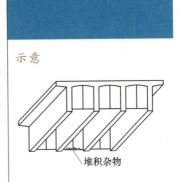

堆积杂物

图 3-28　桥台台帽堆积杂物

外观表现及其可能原因

如图所示，桥墩上蔓生杂草，甚至灌木。植被的根系生长除容易增大混凝土的裂缝外，还使汛期积累泥沙，水分不易疏干，引发钢筋混凝土耐久性能降低问题。原因是缺乏经常性的检查及清理。

检查及维修要点

检查可通过目测法进行，记录蔓生杂草的具体位置，程度，可拍摄照片以进行说明。

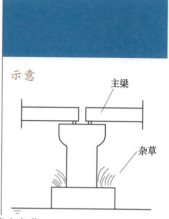

图 3-29　桥墩蔓生杂草

外观表现及其可能原因

　　桥台台帽混凝土缺损，原因多为意外冲击或者冻融造成，另外台帽配筋率过低，也是造成冲击作用下大块混凝土脱落的原因。

检查及维修要点

　　检查时应记录缺损的位置，缺损的表面积大小，破坏面的新旧程度。注意是否有钢筋露出，可通过凿毛、冲洗结合面后用新混凝土或者环氧砂浆补齐。

示意

图 3-30　桥台台帽混凝土缺损

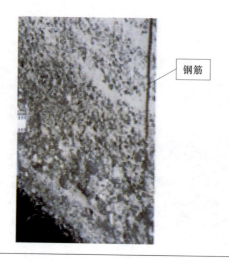

钢筋

外观表现及其可能原因

如图，桥墩浸润在流水之下的部分，由于受到流水以及水中携带的泥沙的常年冲刷，引起表层混凝土的脱落、露筋。在一些有温泉水等酸性水质的河流中，这种冲刷病害有可能加剧。

检查及维修要点

检查时应记录冲刷的位置，损害程度，注意是否有钢筋露出。还可凿毛并冲洗结合面后用环氧砂浆补齐。

示意

图 3-31　桥墩水流冲刷

外观表现及其可能原因

　　桥台台帽在支座以下的部位发生斜向的裂缝。支座的损伤、变位功能受限以及台帽配筋不足等都是可能的原因。

检查及维修要点

　　检查时应记录开裂的位置，裂缝的大致宽度，注意是否有钢筋露出或拉断。维修中应首先判断是否为支座的病害，再进一步确认是否为桥台开裂，必要时应顶起主梁予以修补。

示意

图 3-32　桥台台帽开裂

外观表现及其可能原因

  轻型桥台的前墙、背墙、耳墙上有明显的新老混凝土接缝，有时伴有漏水，石灰质析出等现象。原因是施工中新老混凝土的界面未能处理妥当，如老混凝土表面过于干燥、积有砂灰等。

检查及维修要点

  检查时注意观察接缝开放的严重程度，留意是否有钢筋锈蚀的迹象。

示意

图 3-33 新老混凝土接缝

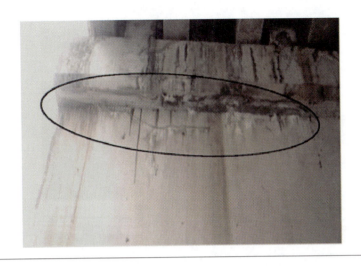

外观表现及其可能原因

如图，轻型桥台突出部位析出石灰。原因可能是施工过程中振捣不够密实，新老混凝土的接缝处理不当等。

检查及维修要点

应对析出石灰的范围、水分的渗透路径等进行调查，可通过轻敲击混凝土，检查是否有剥离或者空洞声，严重者应立即进行修补。

示意

图 3-34　台帽混凝土析出石灰

外观表现及其可能原因

如图，轻型桥台的耳墙有漏水的痕迹。原因可能是伸缩缝漏水，桥台耳墙在土压力作用下开裂等。

检查及维修要点

查明水分的来源，如检查伸缩缝是否漏水，另应观察耳墙裂缝的形态，以判明开裂的原因，并注意观察是否有侧向突出现象。

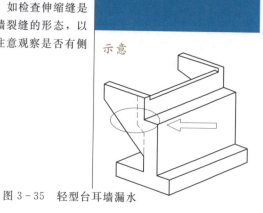

示意

图 3-35 轻型台耳墙漏水

外观表现及其可能原因

如图，轻型桥台的前有流水侵蚀的痕迹。

检查及维修要点

除调查侵蚀的范围和深度外，应深入调查基础是否遭受冲刷。在一些有温泉水等酸性水环境的场合尤应注意调查受力主筋锈蚀的情况。

示意

图 3-36　桥台水流侵蚀

外观表现及其可能原因

如图，桥台台帽积水。原因可能是伸缩缝漏水，台帽排水不良。

检查及维修要点

上部伸缩缝漏水的可能性较大，应首先予以排除，养护中可首先清理混凝土表面，采用砂浆抹面改变台帽的坡度后再涂刷防水剂。

示意

图 3 - 37　桥台台帽积水

外观表现及其可能原因

　　如图，桥台前墙出现钢筋锈涨和混凝土剥离的病害。

检查及维修要点

　　应检查锈涨和剥离的范围和程度。可通过敲击法，判别发生剥离的范围，根据情况制定修补措施。

示意

图 3-38　桥台前墙钢筋锈涨和混凝土剥离

外观表现及其可能原因

如图，桥台前墙钢筋锈蚀，保护层脱落。原因可能是混凝土的中性化或遭受上部漏下的含有除冰盐的水分的侵蚀等。

检查及维修要点

对水分的来源进行检查，如检查伸缩缝是否漏水等。严重者可对混凝土采样后进行实验室分析，检查其中性化的程度。

示意

图 3-39　桥台前墙钢筋腐蚀

外观表现及其可能原因

如图，桥台前墙出现混凝土的空洞，原因多为混凝土浇筑时振捣不够密实。

检查及维修要点

检查中可通过敲击检查空洞的存在，并与临近的其他桥梁类比，判别钢筋腐蚀的可能性与程度。在以后制定的养护方案中予以维修。

示意

图 3-40　桥台前墙混凝土空洞

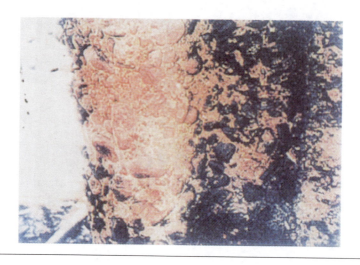

外观表现及其可能原因

如图，墩台混凝土由于腐蚀性水分的侵蚀以及水泥石变质、微生物分泌物的腐蚀等原因造成严重的劣化，表面的颜色可能是由微生物附着或者水中的化学物质的影响而造成。

检查及维修要点

一般伴有钢筋的腐蚀，应进一步检查钢筋腐蚀的程度，尽早制定维修/防护措施。

示意

图 3-41　桥墩台混凝土劣化

外观表现及其可能原因

　　如图，桥墩基础的不均匀沉降，对桥梁的外形造成明显的影响，在一些存在砂土液化可能性的场合，地震的影响也常造成基础的不均匀沉降。

检查及维修要点

　　应注意检查支座是否有脱落或者破坏，以及基础是否存在冲刷，调查最近是否有振动的影响等。

示意

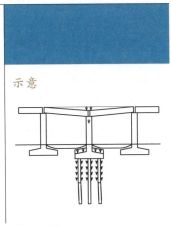

图 3-42　桥墩基础不均匀沉降

123

外观表现及其可能原因

如图，桥台基础在偏心土压力等的作用下发生水平位移后，上部结构的连接部缝隙变宽。

检查及维修要点

调查周边建筑物等的基础是否有沉降，调查台后填土的外形，看是否有隆起等现象，判别地基土的变形。由于变形影响了交通，应尽早制定维修措施，另外注意观察水平变形是否会引起主梁之间或主梁与桥台背墙之间产生过大的水平推力。

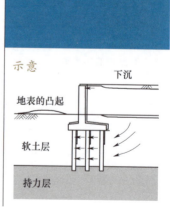

图 3-43 桥台水平变位

124

外观表现及其可能原因

如图，桥台背墙与主梁之间的间隙上大下小，表现出明显的倾斜，多为基础的变位所引起。

检查及维修要点

调查周边建筑物等的基础是否有沉降，调查台后填土的外形，看是否有隆起等现象，判别地基土的变形。由于变形影响了交通运行，应尽早制定维修措施，另外应进一步通过仪器测定出倾斜的角度，为制定维修方案提供依据。

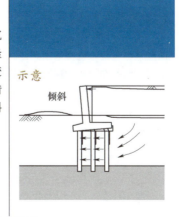

图 3-44　桥台倾斜

外观表现及其可能原因

如图，桥墩基础由于冲刷，局部与地基之间产生过大的空隙。

检查及维修要点

检查前应确定基础的类型是扩大基础还是桩基础，检查基础的四周是否产生了空洞，在一些冲刷严重的场合，甚至有桥梁倒塌的危险，应尽早制定维修方案，轻者亦应调查基础顶覆土的深度，验算桥梁在地震等水平力作用下倾覆的可能性。

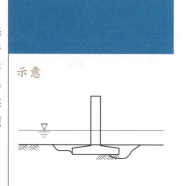

示意

图 3-45　桥墩基础冲刷

位移

外观表现及其可能原因

桥台后挡墙产生过大位移，原因是土压力过大，挡墙基础受到冲刷而承载能力降低等。

检查及维修要点

检查桥台时，应对挡墙是否发生变位进行检查，以及对挡墙基础的冲刷情况进行检查。钢筋混凝土挡墙可通过预应力锚杆予以加固。

示意

变位

图 3-46　桥台挡墙位移

第四章 桥梁震害调查

第一节 桥梁震后检查的意义

地震是由于地壳构造运动使深部岩石的应变超过了容许值，岩层发生断裂、错动而引起的地面震动，是一种常见的严重的自然灾害。我国地处世界上两个最大地震集中发生地带——环太平洋地震带与欧亚地震带之间，强震频繁发生，其绝大多数又是发生在大陆的浅源地震，震源深度大都在 20 公里以内。因此，我国是世界上多地震的国家，也是遭受地震灾害影响最为严重的国家之一。

地震对桥梁的破坏作用主要是由于地面运动加速度的作用而使桥梁结构产生较大的惯性力而导致破坏，此外由于地表发生不均匀开裂、沉陷等变形，也使桥梁结构产生较大的内力。有时地震引发的火灾等次生灾害也对桥梁结构产生一定的影响。

《规范》规定："桥梁遭受洪水、流冰、滑坡、地震、风灾、漂流物或船舶撞击，因超重车辆通过或其他异常情况影响造成损害时，应进行应急检查。"特殊检查应根据桥梁的破损状况和性质规范规定，应急检查应根据需要对以下的三个方面的问题做出鉴定：

（1）桥梁结构材料缺损状况，包括对材料物理、化学性能退化程度及原因的测试鉴定；结构或构件开裂状态的检测及评定。

（2）桥梁结构承载能力，包括对结构强度、刚度和稳定性的检算、试验和鉴定。

（3）桥梁防灾能力，包括桥梁抵抗洪水、流冰、风、地震及其他地质灾害等能力的检测鉴定。

可见，根据《规范》的相应要求，在发生地震等自然灾害后应立即对桥梁进行应急检查。检查时，结构材料缺损状况的鉴定，可根据鉴定要求和缺损的类型、位置，选择表面测量、无破损检测和局部试样等有效可靠的方法。在应急检查中，应对桥梁进行详尽的现场检查，并在检查报告中，根据现场调查的资料，描述桥梁的技术状况，详细叙述检查部位的损坏程度及原因，并提出结构部件和总体的维修、加固或改建的建议方案。

第二节　常见桥梁震害示例

在桥梁震害检测中，常见的病害如图 4-1～图 4-28 所示。

外观表现及其可能原因

桥墩底部发生弯压破坏，钢筋与混凝土的黏结遭到破坏，保护层脱落，受力主筋外露。

原因大多为上部结构质量较大，在水平地面运动加速度作用下，产生过大墩底弯矩。

检查与处治要点

应详细记录损伤的具体位置，黏结破坏的范围和程度，观察有无钢筋拔出现象；观察裂缝的发展形态与范围，并拍摄损伤照片。

对于混凝土覆盖层脱落而钢筋完好的部位，可采用混凝土进行修复式外包钢板法进行修复等。

示意

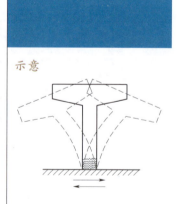

图 4-1　桥墩底部压弯破坏

外观表现及其可能原因

桥梁发生侧向倒塌，多发生于采用独柱墩而且墩梁固结的场合。

原因是往复侧向地面运动加速度作用下，产生过大墩底弯矩导致墩柱发生剪切破坏。其中主钢筋的配筋采用分段法以及箍筋的配置不合理是导致墩柱产生剪切破坏的主要原因。

检查与处治要点

记录倒塌的方向，墩柱的破坏形态，如黏结破坏，钢筋拔出，保护层剥落情况等，为抗震设计积累经验与资料。发生桥梁倒塌时，应尽快清理倒塌的瓦砾，疏通被阻塞的道路，震后应予以重建。

示意

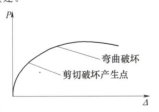

图 4-2 桥梁侧向倒塌

外观表现及其可能原因

　　如图，桥墩受水平剪力而破坏，并发生横向位移而破坏。

检查与处治要点

　　记录发生剪切破坏的桥墩位置，并辅以照片说明。该桥墩的墙脚明显已发生剪切破坏，钢筋出现屈服，桥墩已无修复的可能，应推倒重建。

示意

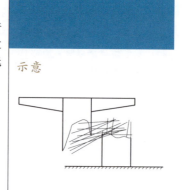

图 4 - 3　桥墩身剪切破坏

外观表现及其可能原因

如图，过大的水平剪力导致墩柱底部压弯破坏。混凝土保护层剥落，主筋露出。

检查与处治要点

记录破坏的具体位置，描述破坏形态，拍摄照片进行说明。检查中应观察钢筋与混凝土之间的黏结是否破坏，以及是否有贯通性的裂缝等。

示意

图 4-4 桥墩底压弯破坏

外观表现及其可能原因

墩顶发生剪切破坏，在上部结构的自重与水平往复荷载作用下，墩顶混凝土碎落，受力主筋压屈。

墩顶的破碎导致盖梁失去约束，主梁发生落梁。

检查与处治要点

应详细记录墩顶的破坏形态，并拍摄照片存档，为抗震设计提供资料。对于该桥梁结构，应推倒重建。

图 4-5　桥墩顶剪切破坏、落梁

外观表现及其可能原因

墩柱柱身发生剪切破坏，桥梁侧向倾覆，其中桥的上部结构为混凝土的一侧，由于地震时墩柱基部产生的弯矩较大，而产生破坏；相反，上部结构为钢结构的部分，则由于地震中产生的弯矩较小，没有产生倒塌破坏现象。

检查与处治要点

应详细记录墩顶的破坏形态，并拍摄照片存档，分析地震导致柱身剪切破坏的原因，是适筋破坏，还是超筋破坏，为桥梁抗震设计提供资料。

示意

图 4-6　桥墩柱身剪切破坏

外观表现及其可能原因

主梁从墩顶掉落，起因于过大的纵向相对位移，当设有纵向限位装置（如挡块）时，可判断为限位装置破坏。

检查与处治要点

记录破坏形态，拍摄照片存档，为抗震设计提供资料，建议增设防落梁装置。

示意

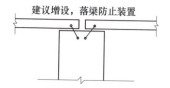

建议增设，落梁防止装置

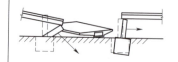

图 4-7 纵桥向落梁

外观表现及其可能原因

　　如图，纵桥向动位移过大，引起落梁。

检查与处治要点

　　记录落梁的桥跨的位置，上下部结构的形式，观察防落梁设施的破坏情况，为工程设计提供参考。

示意

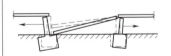

图 4-8　落梁（一）

外观表现及其可能原因

主梁梁端与墩顶之间过大的纵向相对位移导致落梁。

检查与处治要点

记录落梁的位置，拍摄照片予以说明。分析桥梁落梁的原因，在桥梁维护时，增设防落梁装置。

示意

图 4-9　落梁（二）

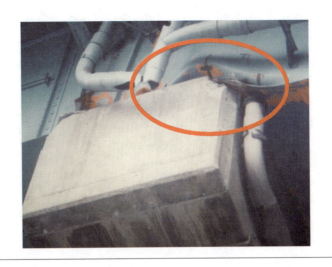

外观表现及其可能原因

　　钢箱梁的支点处发生局部失稳破坏，板材的屈曲导致涂装层脱落。过大的竖向加速度导致支点反力过大，发生局部失稳。

检查与处治要点

　　记录失稳的破坏形态，拍摄照片存档，为抗震设计提供资料。对该处的钢箱梁加设加劲肋加固，并记录好损伤部位，并对此进行定期检查。

示意

图 4 - 10　钢箱梁局部失稳

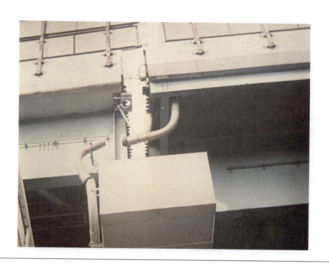

外观表现及其可能原因

泄水管发生断裂，多从接头处断开。

检查与处治要点

泄水管的破坏是震后桥梁检查中经常遇到的现象，在修复中不应忽视，可记录发生断裂的桥墩编号，有针对性地予以修复，一般采用同型号的泄水管进行置换即可。

示意

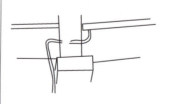

图4-11　桥梁泄水管断裂

140

外观表现及其可能原因

在往复水平力的作用下，框梁式桥墩产生塑性铰的位置除基部及上部外，梁处有可能也产生塑性铰。

检查与处治要点

检查中应记录发生破坏的位置，破坏的形态，受力主筋断裂或屈服的情况，拍摄破损照片，为维修加固提供依据。根据破坏情况，一般可采用外包钢板、型钢，并灌注高强无收缩聚合物砂浆的方法进行加固。

示意

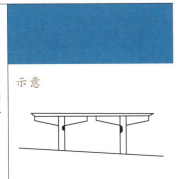

图 4-12　框梁式桥墩顶剪切破坏

外观表现及其可能原因

　　基础偏离原有位置，可能发生隆起、沉降、转动等不同类型的变位，左图中的基础即发生了顺时针方向的转动，靠路面一侧隆起，而对侧则下沉。

　　原因一般是饱和的疏松粉、细砂土在地震振动作用下，颗粒移动和突然破坏而呈现液态的现象。

检查与处治要点

　　检查中应记录发生变位的基础位置（如墩、台编号），变位的形态（隆起、沉降、转角等），拍摄照片，为地基基础加固提供依据。变位不大时，可通过注浆法加固地基，转角变位严重者应先采取措施予以纠偏。

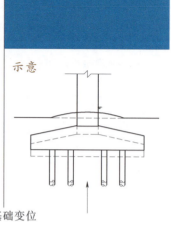

示意

图 4-13　桥基础变位

外观表现及其可能原因

墩顶遭受剪切破坏，主梁下落一定距离。

检查与处治要点

对于桥梁震害发生的情况，予以拍摄照片并记录下损伤部位进行记录。对于地震灾害的桥梁结构，由于桥梁的头重脚轻多伴有上部结构破坏，一般应拆除重建。

示意

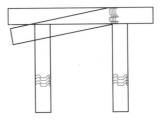

图 4 – 14 桥墩顶剪切破坏

外观表现及其可能原因

地基发生不均匀沉降，出现错台现象，多伴随墩柱转角变位。

一般认为，震后发生不均匀沉降的原因主要是砂土液化。

检查与处治要点

记录发生不均匀沉降的位置，测量其相对高差。拍摄沉降状况的照片，为进一步的详细判别提供依据。一般可通过双液注浆或电硅化法对地基进行加固。当桥墩横向距离较近时，还可通过加设系梁的方法增加侧向联系。

示意

图 4-15　桥地基不均匀沉降

外观表现及其可能原因

桥梁不同跨在墩顶或台顶发生错台，形成高差。原因大多是由于纵向变位过大，导致支座脱落。

检查与处治要点

应重点检查支座的破坏情况，拍摄照片。同时检查是否由于冲击作用导致盖梁发生开裂、破损。并对桥梁的强度、稳定性进行现场测试，如果该桥梁结构满足安全性要求，则可以对错台部位填补适当的混凝土做成斜坡结构。

示意

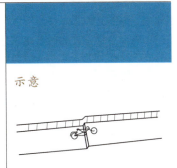

图 4 - 16 桥墩顶（台）错台

外观表现及其可能原因

　　桥梁不同跨在墩顶或台顶发生过大的间隙，原因是由于纵向变位过大且无法恢复。

检查与处治要点

　　应重点检查支座的剪切破坏情况，检查是否有支座脱落。一般可顶起上部结构，使弹性变形得以恢复。

示意

图 4-17　桥跨之间产生过大的间隙（一）

外观表现及其可能原因

如图，不同桥跨之间产生过大的间隙，原因是惯性力作用下产生过大的纵向相对位移，但受到磨阻力的影响，部分变形难以恢复。

检查与处治要点

测量间隙的距离，观察其形态，检查支座的损坏情况。在下部结构损伤轻微的情况下，顶起上部结构，可使部分变形得以恢复。

示意

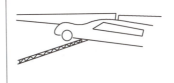

图 4-18　桥跨之间产生过大的间隙（二）

外观表现及其可能原因

　　如图所示，在地震作用下，圆形墩柱的柱底发生剪切破坏。

检查与处治要点

　　记录破坏的墩柱的位置，观察破坏的形态，如钢筋与混凝土之间的黏结是否破坏等。对于破坏严重的情况，应推倒重建。

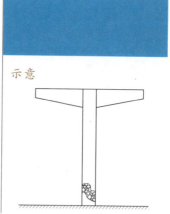

示意

图 4-19　桥柱底剪切破坏

148

外观表现及其可能原因

　　伸缩缝等处由于相对运动造成冲击破坏，如桥面铺装层破坏，混凝土破碎等。

检查与处治要点

　　记录破坏的位置，并描述破坏的形态，可揭开铺装层表层观察混凝土的损伤状况，有无露筋现象发生。对于混凝土局部破碎者，若不影响构件强度，可通过涂抹环氧砂浆等进行封闭，但对于预应力混凝土主梁，应仔细检查有无封锚混凝土冲击破坏的现象。

示意

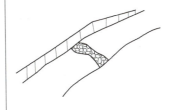

图 4-20　桥面伸缩缝冲击破坏

外观表现及其可能原因

如图，墩顶剪切破坏导致落梁。在一些墩梁完全固结的桥梁，水平方向的巨大惯性力常引起墩柱的剪切破坏，尤其是桥墩的高度较低时。

检查与处治要点

记录破坏的桥跨，可辅以照片进行说明，由于破坏严重，一般应拆除重建。

示意

图 4-21　桥墩顶剪切破坏

150

外观表现及其可能原因

如图中显示，在地震作用下，过大的剪力导致斜截面破坏。

检查与处治要点

记录破坏的位置，描述断口的形态，辅以照片进行说明。若桥墩纵向受力钢筋出现弯曲等外观现象，表明钢筋已经屈服，对该桥墩应推倒重建。

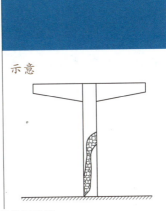

示意

图 4-22 桥墩墩底剪切破坏

外观表现及其可能原因

由于地震动引起的往复水平剪力导致墩顶剪切破坏。

检查与处治要点

记录破坏的墩柱编号，观察破坏断口的形态，辅以照片进行说明。由于破坏的普遍性，一般应拆除重建。

示意

图 4-23　桥墩顶剪切破坏（一）

外观表现及其可能原因

如图，过大的横桥向剪力导致墩顶剪切破坏。

检查与处治要点

记录破坏的桥跨，拍摄照片进行说明。对于该桥梁图示桥段应推倒重建。

示意

图 4-24　桥墩顶剪切破坏（二）

153

外观表现及其可能原因

如图，过大的纵桥向剪力导致多处墩顶纵向剪切破坏。

检查与处治要点

记录破坏的桥跨，拍摄照片进行说明。对于损伤情况部位严重的地方，可以采用加固的方式来处理，见本章第三节。

示意

图 4-25 桥墩顶剪切破坏（三）

154

外观表现及其可能原因

如图，桥墩受水平剪力而破坏，表层混凝土剥落，主筋露出。

检查与处治要点

记录发生剪切破坏的桥墩，观察钢筋与混凝土之间的黏结是否受到破坏，并观察是否有贯通的水平裂缝。当主筋与混凝土之间的黏结尚未破坏时，可采用黏贴钢板等方法进行加固补强，若主筋与混凝土之间的黏结已经破坏，则维修中可根据情况卸载并补强钢筋后，采用微膨胀性混凝土或砂浆予以灌注修补。

示意

图 4-26 桥墩身剪切破坏

外观表现及其可能原因

地基基础发生不均匀沉降，通常表现在桥梁和路基的连接处，如图，由于沉降差，致使连接处产生错台。

检查与处治要点

在上部结构检查时发现的错台，应考虑地基不均匀沉降的可能性。对现象予以记录，以便在下部结构和地基基础的检查中予以重点检查。

示意

略

图 4-27　震后桥头地基出现不均匀沉降

外观表现及其可能原因

如图，由于在往复水平力的作用下，墩柱底端混凝土产生压碎破坏。在一些箍筋配置量偏少，约束不足的墩柱中经常发生这种类型的破坏，破碎的混凝土呈大的颗粒状。

检查与处治要点

记录震害的位置，描述破坏的形态，辅以照片进行说明。情况较为严重时，应推倒重建。

示意

图 4-28　约束不足

第三节　桥梁抗震加固

在地震灾害后，根据对桥梁震害的评估结果来判断桥梁失效或损伤的危险程度来选定相应的处理方法。对于灾害严重的桥梁需推倒重建，对于受灾较小的桥梁可以根据下列方法进行加固。

（1）上部结构的加固技术。

由于上部结构的失效与伸缩缝中支承面纵梁长度不足以及梁的抗弯强度的关联，因此对于上部结构的加固主要在于伸缩缝的加固。

伸缩缝在地震害中主要表现为位移较大，为了减少这种影响，主要有两种加固方法：一是在梁与梁之间设置拉杆限制结构的相对位移；二是在构造时，提高伸缩缝的容许位移量。在大多数情况下，这两种方法可以同时采用。

（2）混凝土柱的加固技术。

对于混凝土柱的加固，现在主要采用的有复合材料套管加固、增大截面加固和刚套管加固等几种方法。

复合材料套管加固方式当前主要使用的材料为玻璃纤维、碳纤维和盘绳栓。其工艺流程可以分为两种：一是手工缠绕由环氧树脂浸透的玻璃纤维层做成的外套层进行加固；另一种是利用机械作业将碳纤维缠绕形成外套层进行加固。

增大截面加固技术在日本的桥梁加固较为普遍，现在也被逐渐推广到房屋建筑的柱子上。其主要工艺流程较为简单，就是在原柱子的周围附上一层套管形式的钢筋混凝土，以此增大柱子的截面，提高其抗弯承载力，如图4-29所示。

钢套管加固技术由于要使用钢材料，经济性不高，钢材容易腐蚀，难于养护，很少使用。其工艺流程主要就是将钢材制作成柱的形状，将其焊接起来形成套管来增加截面的抗弯承载力的加固技术，如图 4 - 30 所示。

（3）碳素纤维加固技术。

利用具有极好的强度刚度、优秀耐腐蚀性的纤维增强复合材料，用于混凝土桥梁结构的粘贴加固工程。城市混凝土桥梁结构的粘贴纤维板技术在加固中具有不阻碍交通，且工期短，人工少的优点，施工简便迅速，无须模板、夹具、支撑等，在一般的城市桥梁震害中，可以运用该抗震加固技术。其施工工艺如图 4 - 31、图 4 - 32 所示。

图 4 - 29　增大截面加固技术

图 4 - 30　钢套管加固技术

图 4 - 31　碳纤维材料加固技术（一）

图 4 - 32　碳纤维材料加固技术（二）

第五章　城市桥梁外观检查图表示例

第一节　城市桥梁资料卡

在城市桥梁养护工作中，为了能更系统地掌握城市桥梁的总体状况，我国《规范》规定，桥梁的管养单位应对辖区内所有城市桥梁建立"桥梁基本状况卡片"，以将有关的信息输入数据库，建立永久性档案，本节提供了基本状况卡片的样例，如表 5 - 1 所示。

城市桥梁资料卡

表 A

桥梁名称：××中桥　　所在路名：××路　　跨越（），（）等级

地区	
卡号	

一般资料	养护单位	××公司	上部结构	主梁型式		桥墩	型式	
	建设单位	××公司		主梁尺寸 （宽×高×长）			标高	
	设计单位	××公司		主梁数量			盖梁尺寸	
	监理单位	××公司		横梁型式			基底标高	
	施工单位	××公司		支座型式/数量			底板尺寸	
	建造年月	×年×月		桥面结构			基桩尺寸/根数	
	结构类型	×××		伸缩缝型式		桥台	型式	
	设计荷载	汽-20		伸缩缝数量			标高	
	抗震烈度	8度设防		桥面标高			基底标高	
	正斜交角	×××		梁底标高			台帽尺寸	
	桥梁跨数	3		主桥纵坡			底板尺寸	
	跨经组合			主桥横坡			基桩尺寸/根数	
	桥面面积			引桥纵坡			挡土板厚度	
	桥梁总长	32m		拱桥矢跨比			翼墙型式	
	桥梁总宽	18m		总造价			翼墙长度	
	车行道净宽		附属工程	栏杆总长		附挂管线	给水管	
	人行道净宽			栏杆结构			燃气管	
	道路等级			端柱尺寸			电力缆	
	设计河床标高			护岸类型			通讯电缆	
	最高水位			引坡挡墙类型				

审定：杨××　　复核：陈××　　制表：李××　　建卡日期：2013 年 11 月 5 日

表 B 结 构 简 图

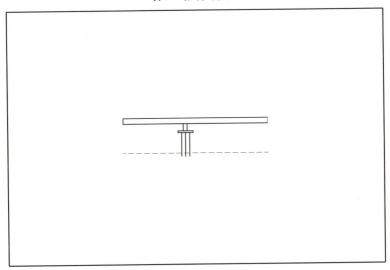

审定：杨××   复核：陈××   制表：李××   日期：2013 年 11 月 5 日

表 C 附   照

审定：杨××   复核：陈××   制表：李××   日期：2013 年 11 月 5 日

表 D 检查维修记录卡

维修日期 （年．月）	维修内容	维修单位	质量状况
2012.1	护栏	××公司	优秀/良好/合格
2012.7	桥面	××公司	优秀/良好/合格
2012.12	支座	××公司	优秀/良好/合格
2013.5	人行道	××公司	优秀/良好/合格

审定：杨××　　复核：陈××　　制表：李××　　日期：2013 年 11 月 5 日

第二节　城市桥梁日常巡检日报表

如前所述，对桥梁进行的检查可以分为经常检查、定期检查和特殊检查。在经常检查中，应根据目测和简单的测量工具，如卷尺、钢尺等进行测量，现场要登记所检查项目的缺损类型，估计缺损范围及养护工作量，提出相应的小修保养措施，为编制辖区内的桥梁养护计划提供依据。《规范》规定，在经常检查中，应当场填写"桥梁经常检查记录表"，现场要登记所检查项目的缺损类型，估计缺损范围及养护工作量，提出相应的小修保养措施，为编制辖区内的桥梁养护（小修保养）计划提供依据。在经常检查中，发现桥梁的重要部件存在明显的缺陷时，应向上级提交专项报告。

桥梁经常检查的内容主要包括以下几个方面：

（1）外观是否整洁，有无杂物堆积，杂草蔓生；构件表面的涂装层是否完好，有无损坏、老化变色、开裂、起皮、剥离、锈迹。

（2）桥面铺装是否平整，有无裂缝、局部坑槽、积水、沉陷、波浪、碎边；混凝土桥面是否有剥离、渗漏，钢筋是否漏筋、锈蚀，缝料是否老化、损坏，桥头有无跳车。

（3）排水设施是否良好，桥面泄水管是否堵塞和破损。

（4）伸缩缝是否堵塞卡死，连接部件有无松动、脱落、局部破损。

（5）人行道、缘石、栏杆、扶手、防撞护栏和引道护栏（柱）有无撞坏、断裂、松动、错位、缺件、剥落、锈蚀等。

（6）观察桥梁结构有无异常变形，异常的竖向振动、横向摆动等情况，然后检查各部件的技术状况，查找异常原因。

（7）支座是否有明显缺陷。活动支座是否灵活，位移量是否正常。支座的经常检查一般可以每季度一次。

（8）桥位区段河床冲淤变化情况。

（9）基础是否受到冲刷损坏、外露、悬空、下沉，墩台及基础是否受到腐蚀。

（10）墩台是否受到船只或漂浮物撞击而受损。

（11）翼墙（侧墙、耳墙）有无开裂、倾斜、滑移、沉降、风化剥落和异常变形。

（12）锥坡、护坡、调治构造物有无塌陷、铺砌面有无缺损、勾缝脱落、灌木杂草丛生。

（13）交通信号、标志、标线、照明设施以及桥梁其他附属设施是否完好。

（14）其他显而易见的损坏或病害。

以上各项检查内容中常见的桥梁病害，在第二、第三章中已有介绍，本节为读者提供一个经常检查中所填记录表的示例，见表 5-2。

表 5-2　　　　城市桥梁日常巡检日报表

桥名：大兴区永华路桥　　巡视日期：2013 年 11 月 5 日上午　　星期二　天气　晴

检查项目	状况		病害		病害说明
桥名牌	完整	完整	缺损（块）	—	—
限载牌	完整	完整	缺损（块）	—	—
栏杆	完整	否	缺损（m）	0.2	大桩号处引桥的栏杆有局部被撞损，长 0.2m

检查项目	状况		病害		病害说明	
端柱	完整	完整	缺损（只）	—	—	
人行道	平整	平整	坑塘（m²）	—	—	
车行道	平整	否	坑塘（m²）	0.3	桥中处有 0.3m² 的坑槽	
机非隔离栏	完整	完整	缺损（m）	—	—	
伸缩缝	完整	否	缺损（m）	0.5	大桩号台前进方向左端 1.5m 处，止水带开裂 0.5m	
泄水孔	通畅	否	堵塞（只）	1	桥右侧引桥处泄水孔被包装袋堵塞	
扶梯	完整	完整	缺损（m²）	—	—	
结构变异	有、无	无	部位	—	变异情况	—
桥、桥区施工	有、无	无	是否违章	否	基本情况	良好
其他危及行车、行船、行人安全的病害	无					

巡查人：李××

第三节　城市桥梁结构定期检查现场记录表

定期检查为评定桥梁的使用功能，制定管理养护计划提供基本数据，对桥梁主体结构及其附属构造物的技术状况进行的全面检查，它为桥梁养护管理系统搜集结构技术状态的动态数据。从检查的频度上说，定期检查的周期根据技术状况确定，最长不得超过三年，新建桥梁交付使用一年后，进行第一次全面检查，临时桥梁每年检查不少于一次。在经常检查中发现的重要部件的缺损明显达到三、四、五类技术状况时，应立即安排一次定期检查。

定期检查以目测观察结合仪器观测进行，必须接近各部件仔细检查其缺损情况，定期检查的主要工作有：

（1）现场校核桥梁基本数据（桥梁基本状况卡片，表5-1）。

（2）当场填与"桥梁定期检查记录表"（表5-3），记录各部件缺损状况，并做出技术状况评分。

（3）实地判断缺损原因，确定维修范围及方式。

（4）对难以判断损坏原因和程度的部件，提出特殊检查（专门检查）的要求。

（5）对损坏严重、危及安全运行的危桥，提出限制交通或改建的建议。

（6）根据桥梁的技术状况，确定下次检查的时间。

《规范》对桥面系，钢筋混凝土桥梁、拱桥、钢桥，通道、跨线桥，高架桥，桥梁支座、墩台与基础等，不同结构形式的桥梁和桥梁的不同部位的检查，都做出了具体的规定，其中大部分内容都属于是外观检查。

在实际养护工作中，对一些特大型、大型桥梁，还应设立永久性观测点，定期进行控制检测，对一般的桥梁，在定期检查中均应填写表5-3所示格式的记录表，以某公路上一座上跨道路的分离式立体交叉跨线桥为例。

表 5 – 3   **结构状态评定表**

表 A

桥名：×××分离式立交

路名：××路

管辖单位：××公司

位置：××区

跨越：20m

结构识别号：××××

检测单位：××公司   日期：2013 年 11 月 5 日

| 部件号 | 加宽 | | 侵蚀分类 | 实测缺陷类型和程度 | | | |
	单侧	双侧		Ⅰ	Ⅱ	Ⅲ	Ⅳ

注 检测者对整体桥梁状态的一般看法按 A、…、E 等填写。

审定：杨××   复核：陈××   填表人：李××

表 B　结构缺陷记录表

桥名：×××分离式立交
路名：××路
管辖单位：××公司
位置：××区
跨越：20m
结构识别号：××××
检测单位：××公司　　　　　　　　　　　日期：2013 年 11 月 5 日

部件编号	部件名	位置	数量	缺陷描述 （包括原因和可能退化速度）
1	翼墙、耳墙		2	局部的混凝土脱离，造成原因可能是混凝土养护时间不够，强度未达标准
2	桥台及基础	大桩号台	1	勾缝砂浆脱落，累计长 0.8m，造成的原因可能是混凝土强度不够
3	桥头跳车	大桩号台距左边缘 2m 处	2	沥青混凝土坑槽 0.4m，可能原因是桥面不平整，造成局部应力集中
4	支座	桥墩顶部	4	积灰，滑动面轻度干涉，原因：支座处塑料袋沉积较多，造成空气不流通，灰尘堆积
5	伸缩缝	小桩号台右边缘	1	止水带破裂 0.5m。原因：伸缩缝堆积物较多，造成伸缩缝止水带挤压破裂
6	—	—	—	—

审定：杨×× 　　　复核：陈×× 　　　填表人：李××

169

表 C　特殊构件信息表

桥名：×××分离式立交
路名：××路
管辖单位：××公司
位置：××区
跨越：20m
结构识别号：××××
检测单位：××公司　　　　　　　　　　　　　　日期：2013 年 11 月 5 日

部件编号	信息或注释 （包括水文特性和材料的测试位置）
1	调治构造物
2	伸缩缝
3	桥头跳车
4	支座
⋮	⋮

审定：杨××　　　　　复核：陈××　　　　　填表人：李××

表 D　照 片 记 录 表

桥名：×××分离式立交
路名：××路
管辖单位：××公司
位置：××区
跨越：20m
结构识别号：××××
检测单位：××公司　　　　　　　　　　　　　　日期：2013 年 11 月 5 日

照 片 编 号	描　　述
Ph. 12 – 345 – 001/2012	锥坡、护坡
Ph. 12 – 345 – 002/2012	桥台及基础
Ph. 12 – 345 – 003/2012	桥墩及基础
Ph. 12 – 345 – 004/2012	地基冲刷
Ph. 12 – 345 – 005/2012	支座
Ph. 12 – 345 – 006/2012	桥面铺装
Ph. 12 – 345 – 007/2012	桥头跳车
Ph. 12 – 345 – 008/2012	人行道
Ph. 12 – 345 – 009/2012	栏杆、护栏
Ph. 12 – 345 – 010/2012	照明、标志
Ph. 12 – 345 – 011/2012	排水设施
⋮	⋮

审定：杨××　　　　　复核：陈××　　　　　填表人：李××

参 考 文 献

[1]   中华人民共和国行业标准．城市桥梁养护技术规范（CJJ 99—2003）．北京：中国建筑工业出版社，2003.
[2]   道路保全技術センター一道路構造物保全研究会．桥梁点检ハンドブック［M］．鹿島出版会，2006.
[3]   宋波，黄世敏．图书城市灾害与减灾对策［M］．北京：中国建筑工业出版社，2007.
[4]   日本土木学会．道路橋支撑部の改善と維持管理技術［M］．日本土木学会，2008.